U0299255

新时代〈职场〉新技能

手把手教你
公文写作
框架、语言与实例

王振 —— 著

清華大学出版社
北京

内 容 简 介

本书共 13 章，分为框架、语言、实例三个部分，讲述了公文材料的谋篇布局、裁量取舍、遣词造句、推敲润色等步骤，分解了五个具体案例的撰写全过程。本书围绕公文写作的实战能力培养，从框架、语言和实战分析三个层面入手，辅之以大量的案例，帮助读者提高对公文写作的理解认识水平和实践运用能力。

本书在章节布局方面，先介绍如何对框架结构做整体布局，通过对不同种类公文材料逻辑思维的梳理，从本源上分析公文框架结构形成固定化惯例的原因。之后，介绍如何培养对公文语言风格的敏感性、针对不同情况如何遣词造句，以及如何根据客观情形对语言进行润色和修饰等，帮助读者掌握公文写作本领。最后，围绕五种常见的公文材料，展现最平常的公文材料写作背景和任务要求，以及在此背景之下，"笔杆子"如何积累内容、搭好框架、组织语言，既充分展现了真实的工作场景，又全面还原了文字材料的诞生过程。

本书以实战分析为核心，案例丰富，特别适合党政公文写作新手、学习申论写作的备考生、初到文秘岗位的年轻干部，也适合对机关办文办事相关流程抱有兴趣的读者。

图书在版编目（CIP）数据

手把手教你公文写作：框架、语言与实例 / 王振著.—北京：清华大学出版社，2024.3
（2024.11 重印）
（新时代·职场新技能）
ISBN 978-7-302-65534-3

Ⅰ.①手… Ⅱ.①王… Ⅲ.①公文－写作 Ⅳ.①H152.3

中国国家版本馆 CIP 数据核字（2024）第 044653 号

责任编辑：刘　洋
封面设计：徐　超
版式设计：张　姿
责任校对：王凤芝
责任印制：杨　艳

出版发行：清华大学出版社
　　　　网　　址：https://www.tup.com.cn，https://www.wqxuetang.com
　　　　地　　址：北京清华大学学研大厦 A 座　邮　　编：100084
　　　　社 总 机：010-83470000　　　　　　邮　　购：010-62786544
　　　　投稿与读者服务：010-62776969，c-service@tup.tsinghua.edu.cn
　　　　质 量 反 馈：010-62772015，zhiliang@tup.tsinghua.edu.cn
印 装 者：北京联兴盛业印刷股份有限公司
经　　销：全国新华书店
开　　本：148mm×210mm　　印　张：9.75　　字　数：226 千字
版　　次：2024 年 5 月第 1 版　　　　　印　次：2024 年 11 月第 2 次印刷
定　　价：79.00 元

产品编号：100331-01

前言
PREFACE

这是一本傻瓜式的公文写作教程，也是《公文写作实战秘籍》的姐妹篇。

在这本书里，我坚持了自己一贯的风格，几乎不讲理论，只是讲述自己十余年来在海量实战中积累的经验、方法和技巧。

因此，这本书特别注重突出三个方面的特点。

一是注重实用价值。本书不会讲授任何理论知识，甚至排斥理论内容。在部分章节里，本书的观点、建议以及相关案例的写作方法，可能与传统的理论知识大相径庭。这也是本书为了达到实用性目标而做的取舍。特别是当眼前具体的工作任务要求与理论导向相违背的时候，本书会毫不犹豫地建议您放下理论包袱，以实战成败作为唯一的衡量标准。至于这里面的是非对错，只能留给各位读者评判。

二是注重案例分析。本书从始至终坚持用案例切入话题，用案例说明问题，用案例论证观点，甚至最后几个章节都是直接围绕某个特定的案例来展开论述的。之所以形成这样的写作模式，主要有两方面的原因。一方面，我始终认为公文写作是经验的积累，而案例是承载经验的最好载体，理论知识必须与实战案例紧密结合。另一方面，我并非科班出身，既讲不清楚既有的写作理论，也没有能力创建属于自己的理论体系，但是我所拥有的特殊资源库，可以提供源源不断的高质量的真实公文写作案例，从而得以支撑起本书的框架。这也算是一种扬长补短的手法和技巧，希望能成为本书具有另类价值的特色。

三是注重思维引导。无论是搭建框架，还是编排体例，抑或是斟酌文字，本书在各个环节都会告诉大家这么做的逻辑根源是什么、目的在哪里、有什么好处。这些是我的经验，也是我所认为的学习公文写作最重要的板块。我们只有知道了自己是谁、要做什么事、要怎么做事，才能写出方向正确的公文材料。只要明确了思考的方向和逻辑的体系，写出来的材料即便语言水平还不够，也不会出现根本性的错误。

围绕上述特点，本书内容分为三大部分，也就是书名副标题中的三大块——框架、语言、实例。

第一篇是"框架篇"，涵盖了第 1 章到第 3 章的内容。该篇将从公文写作最基本的大框架入手，再到更细一层的板块谋划、布局和编排，最后到裁量取舍的判断标准与判断方法，剖析了一份公文材料的框架基础是怎么"搭出来"的。这一篇解决的是公文材料的"骨架"问题。

第二篇是"语言篇"，涵盖了第 4 章到第 7 章的内容。该篇首先从正确看待公文语言的规范性、准确性和朴实性入手，讲述公文语言的遣词造句方法和修辞技巧，最后介绍了一些写作之外的有益"小动作"。其中部分内容可能会显得有些"离经叛道"，我也不敢保证里面提出的观点和方法都是正确的，只希望对各位读者有一些参考价值。这一篇解决的是公文材料的"血肉"问题。

第三篇是"实例篇"，涵盖了第 8 章到第 13 章的内容。该篇主要介绍工作总结、经验类信息、请示件、领导讲话、工作方案五种常见公文材料的写法。这 6 章创设了具体的情境，以工作中常见的任务目标切入，逐步完成收集素材、梳理素材、搭建框架、厘定文字、润色稿件等全步骤，真正实现从零开始到润色成稿的全过程教学。这 6 章里的案例内容以及前因后果均真实存在，实际指导和借鉴意义比较强。这一篇解决的是公文材料的"骨架与血肉怎么拼成"这一问题。

至于公文写作的"灵魂问题"该怎么解决呢？恐怕这已经超出了我的能力。

因此，本书适合的对象，可以分为这么几类：

1. 党政公文写作的新手；

2. 学习申论写作的备考生；

3. 初到文秘岗位的年轻干部；

4. 好奇机关运转的围观看客。

而本书的目标，是各位读者通过阅读本书能有三个方面的收获：一是应付领导交代的日常写材料任务，提高工作效率；二是熟悉党政公文的遣词造句风格，培养对公文语言的敏感性；三是了解机关单位办事办文的逻辑规则，更好地扮演自己的岗位角色。

当然，我对本书最直接的期望，是它可以作为一本傻瓜式教学指南，帮助每一位新手走过最艰难的起步期。

而这一目标的源头，可能还要追溯到 2020 年出版的《公文写作实战秘籍》——我的处女作。

现在回想，那是一段颇为难忘的经历。第一次有机会将自己的知识与经验转变为散发着油墨香的文字正式出版，我异常兴奋。因此，在那本书里，我毫无保留地将平生所学、所历、所思倾注其中，希望将它打造成我的"人生代表作"。

出版之后，我密切关注着各个平台的读者评价，期盼着读者的反馈。令我开心的是，绝大部分评价是正面的。那本书的好评率很高，有些好评内容甚至让我惭愧。因为我知道自己没有那么高的水平。无论是知识结构还是个人经历，我离著书立说的标准还差得远。即使倾尽全力，也不过是勉为其难罢了。更何况，那本书出版之后，我自己都不敢去翻看，生怕里面的低级错误让自己羞愧难当。

所以，我更关注批评性的意见和建议。有几条比较典型的意见引起了我的注意。有读者指出，那本书只是点出了"什么样的稿件是好的"，却没有教会大家"怎样做才能写出好的稿件"，教学内容还停留在表面。也有读者认为，那本书虽然有很多案例分析，但是只说了案例好不好，而没有说这些案例是怎么一步步写出来的，对其中的过程介绍得不够。还有读者说，读完全书之后，仍然不知道该如何下笔去写，处于"脑子会了但是手还不会"的状态。

这些读者反馈的意见和建议，让我萌生了撰写这本"姐妹篇"的想法。但是我的水平有限，本身又不是科班出身，很多表述不够精准。特别是我没有学过语言学，在关于语言风格介绍，以及一些句式搭建的内容中，可能学术味还远远不够。同时，就如何将我脑海中的思维过程教授给他人，也是很大的一个挑战。在这段时间里，我或多或少体会到了"会做与会教是两回事"的窘迫。

所以，这本书我写得十分吃力。随着工作岗位的变化，我肩上的责任更重了，没有太多时间投入到写作之中。再加上年龄增大，原本充沛的精力仿佛"大江东去"，频频出现"一头睡去"的情况。最终，花了将近一年时间，才磕磕绊绊、勉勉强强地完成了书稿。

中间经历的犹豫、退缩、烦躁，甚至于几近崩溃等情绪，要远远多于 2020 年那时候。

在这里，我要感谢我的爱人。2021 年，我们的次子出生，家中同时有了两只学龄前"小神兽"，既多了很多欢乐与生气，也带来了无穷无尽的家务事。在我时常埋首敲键盘的时间里，她一边带着公司团队不断扩大业务，源源不断地为我提供新鲜的一手资料，支持我完成本书案例的搜集整理等重要工作，一边将家中事务料理得井井有条，为我提供了宝贵的清静时光，使我得以安心写作。所谓家有贤妻值千金，今年也是我们结婚十周年，回顾过去的风云历程，我竟是如此幸运。

我要感谢温州市龙湾区商务局的全体同事。他们辛勤努力、默默奉献、任劳任怨，忠实履行着自身的职责，也让我得到了许多无法用言语表达的体验与收获。我们一起面对并战胜了许多困难，但也频频遭遇挫折。很多工作的结果并不尽如人意，但这主要是因为我的能力不足。因此，对于他们，我深感愧疚。

感谢民进温州市委会和民进龙湾基层委的各位同仁。2018 年，我受邀加入民进，成为一名民主党派人士。随着时间的推移，我从原本的陌生与疏离，到逐渐融入这个有识、有爱又有趣的集体。在这几年里，无论是工作还是生活，我都得到了他们无私的指点和帮助。而我愈加珍惜自己作为其中一份子的荣耀。

我要感谢我的读者。他们在各类网络平台上的评价和留言，成为我继续前行的最大动力。自第一本书出版上市以来，我就时不时地刷一下网上读者的评价，这甚至成为我日常的乐趣之一。我能感受到，读者对公文写作高质量指导读物的需求，由此也知道我的第一本书还存在着许多不足。有的读者期望有更加"傻瓜式"的操作指南，而有的读者则希望有更加高阶的教学内容。两相比较而言，我可能难以承担起"更高端"的引导和教学任务，但在"手把手"教学方面，我有信心能为读者提供一些帮助。但即便如此，我在本书中还是尽量将一些"高阶攻略"考虑进来。

最后，我要感谢出版社的编辑和营销人员。他们帮助我出版本书并做营销宣传，带领我走进了一个全新的领域，极大拓宽了我的眼界，也鼓舞了我的信心。

写完本书之后，我对自己过去十余年的特殊经历算是有了一个完整的总结。未来，我会继续期待着新的风景、新的感受、新的收获。希望对于读者朋友来说，这本书也是一道另类的风景，如果您能从中得到一些启发，我不胜荣幸。

2023 年 7 月

温州龙湾

目录

CONTENTS

框 架 篇

语　言　篇

实　例　篇

框架篇

第1章

公文框架的逻辑类型

任何公文类型都有对应的框架结构。这种框架结构虽然没有"正儿八经"的法律法规或者政策文件来限定，但是其普适性和固定性可能比大部分法律条文和政策条款更强。

因为此类框架的背后有一套完整的内在逻辑，再加上经年累月的积累与沉淀，便成了不易变更的"套路"，令后来者趋之若鹜。

对于初学者而言，要学习公文的"套路"，就要先学习"套路"背后的内在逻辑。

常见的公文逻辑及其形成的框架"套路"，主要有以下几种。

1.1 从现状到问题到方法

这是最普遍的框架，常见于工作总结、调研报告、情况汇报、请示等公文材料，也是最简单、最实用的思维逻辑方式。

我们举两个简单的案例，分析此类框架结构的特点。

1.1.1 工作总结的实例展示

先看一个关于工作总结的案例。

案例1.1

综合处2021年度工作总结和2022年工作思路

2021年以来，在中心领导班子的正确领导和各业务处室的大力支持下，综合处充分发挥运转中枢作用，认真做好各项工作。现将2021年度工作总结和2022年工作思路汇报如下：

一、2021年度工作总结

（一）抓好引领，政治机关建设全面加强。一是理论武装稳步强化（主要涉及政治理论学习载体、学习内容、学习成效等，具体略）。二是主题教育活动深入开展（主要涉及丰富学习载体、创新学习形式、促进学以致用等，具体略）。三是廉政教育常态推进（主要涉及法律法规学习、廉政警示教育、政治环境营造等，具体略）。

（二）建好队伍，着力优化干部素质结构。一是管理考核机制优化（主要涉及人事档案、统计信息和绩效考核等事项，具体略）。二是选贤任能模式优化（主要涉及干部考录、竞岗、调任和挂职，以及"一报告两评议"反馈结果等，具体略）。三是关爱服务举措优化（主要涉及工资福利发放、社保公积金缴纳、解决干部生活问题等，具体略）。

（三）把好内控，厉行节约规范财务管理。一是巡视整改积极推进（主要涉及巡察事项的清单化管理、财务管理制度的优化、财务收支的审核等，具体略）。二是资产管理效率提升（主要涉及三公经费支出把控、基本预算执行率、固定资产登记管理等，具体略）。三是财务收支更加规范（主要涉及各类日常财务工作、资金安全使用等，具体略）。

（四）做好服务，优质高效保障日常运行。一是办文办会效率提升（主要涉及文稿起草、文件审核印发、公文系统流转、会务接待等，具体略）。二是督查检查统筹推进（主要涉及各类巡视材料、督办件、批示件的收集、催报和反馈等，具体略）。三是后勤保障提质增效（主要涉及政府采购、用车用餐、物业管理、设备维修等，具体略）。

虽然，综合处在2021年的各项工作中，均取得了良好的成效，但是与上级领导的期望相比，与当前工作的要求相比，仍然存在着一些差距和不足。主要表现在谋划能力有待加强、管理机制有待健全、服务效率有待提升等。

二、2022 年工作思路

2022 年，综合处将聚焦谋划、落实、服务三个方面，推动工作再上新台阶。

（一）聚焦谋划，在想大事、出主意、推亮点方面再上新台阶（主要包括政治理论水平提升，围绕重大战略、实施重大规划、建设重大平台、推进重大项目等全局性工作主动提意见建议，提升参谋能力，具体略）。

（二）聚焦队伍，在优机制、选贤能、严管理方面再上新台阶（主要包括科学配备和选用干部、持续抓好干部引育培养、健全闭环管理机制等，具体略）。

（三）聚焦服务，在规范化、信息化、专业化方面再上新台阶（主要包括内部管理制度的完善、提高协同办公系统的使用效率、高质量办文办会等，具体略）。

1.1.2 专题汇报的实例展示

专题汇报材料也适用同样的逻辑框架，如下所示：

案例1.2

关于"××"研学会综合体项目的汇报

一、项目运营现状

"××"研学会综合体项目于20××年×月启动建设，于20××年×月×日正式投入使用。目前，项目运营采用市场化运作模式，由××和××共拓市场、共建品牌、共享成果，现有工作人员×人，投用至今总体运行平稳有序，已承接××等业务×项，累计接待超××人次，实现营收××余万元。

二、项目存在的问题

（一）牵头单位仍未具体明确（主要提出前期县委主要领导口头明确由党校总体负责项目运营，但未形成会议纪要，影响了项目的顺利推进等问题，具体略）。

（二）缺乏专业运营管理人才（主要提出项目的运营模式在我县尚属首次尝试，相关负责人员均缺少管理经验和运营能力，难以满足项目运营需要等问题，具体略）。

（三）发展方向过于集中单一（主要提出项目资金投入高，但业务仍然来源于单一的调配项目，存在市场化拓展迟缓等问题，具体略）。

三、关于推进"××"项目的建议

（一）明确牵头运营单位（主要提出以会议纪要的形式明确各部门工作职责的建议，具体略）。

（二）拓宽选人用人思路（主要提出拓宽选人渠道和提升现有人员专业能力的建议，具体略）。

（三）拓展多元发展方向（主要提出拓展多元业务发展方向、探索数字化项目、开设面向基层的数字化品牌培训班等，具体略）。

1.1.3 案例解析

上面两个案例比较清晰地展示了此类逻辑框架的组成部分和特点。

1. 第一板块介绍主旨内容

第一板块意在向受众说明"我今天是来说什么事的"。因此，该部分的内容是对过去的回顾。不同的文稿类型，这一板块的侧重点也会有所不同。

比如，案例 1.1 是单位年度工作总结，目的是展现成绩，因此在内容组成上，这一板块会介绍各条线上过去一年的工作情况，既可以写结果性的成效，也可以写过程性的努力，都是侧重于业绩的展示。但是类似于案例 1.2 的专题情况汇报，则可以不涉及前期业绩，而更多的是对主题事务的客观介绍和分析。因为在后者这样的场合之下，受众所关注的是"你要提什么问题？需要我们做什么？"等，至于前面做了些什么，是次要的。

因此，这两类文体虽然在逻辑框架上是一样的，但在实际操作中还需要我们根据不同情形调整内容组成方式。在起草文稿之前，首先要确定文稿的重心在哪里。重心所在的部分，自然要将大量"有血有肉"的内容堆积起来。如果一味按照框架套文章，轻则"头重脚轻"，重则"离题千里"。

2. 第二板块介绍问题不足

第二板块意在向受众说明"这个事目前还有什么麻烦"。根据文稿不同的使用场合，问题部分可多可少，但是所指的内容部分要清晰明确，不能模棱两可。

这一板块与文稿的核心目的是互相呼应的，需要我们根据文稿预期的作用来判断应该放什么内容上去。比如，上级领导召集会议讨论研究某个工作事项，需要我们就这个事项先做一个概括性的汇报。那么，在这次汇报之中，我们就需要精准地抛出几个问题来，再由上级领导拍板解决问题，从而推动工作开展。事实上，如果没有这些问题，那么这一场会议就没必要开了；但如果会上不能精准抛出问题，那么会议的目的也就没法达到了。

比如，将上述案例 1.1 和案例 1.2 进行对比，我们会发现案例 1.1 关于问题部分的描述相对简单，只有一段话，与前面的总结部分和后面的计划部分相差甚远；而案例 1.2 关于问题部分的描述则较为全面，可以说是全文的核心内容所在。这一差别的背后，是因为两个案例文稿的主题不同：案例 1.1 是典型的工作总结，突出展现过往的成绩，自然对问题部分简单略过，以免"喧宾夺主"；案例 1.2 则要用于一次主题明确的专题研究会议，需要我们坦陈问题并加以解决，自然不可能含混而过。

由此可见，逻辑框架归逻辑框架，具体内容如何组成，还需要根据文稿写作的目的而定。领导不会无缘无故要求我们写材料，所有的公文材料都承载着相应的目的和意义。比如：案例 1.1 是一篇年度工作总结，目的是通过回顾上一年的各项工作，展现本部门的工作成绩。文稿所有的核心思想，也都是围绕着"我们太厉害啦，我们做了太多了不起的事情"这样的主题，所以会花大量的笔墨在第一板块，第二板块则选择一笔带过。案例 1.2 作为一篇专题汇报，目的在于"解决问题，推进工作"，换句话说，是希望借助这么一次会议解决这项工作推进过程中遇到的难题。因此，必须要在稿件中将问题讲清楚，自然也就扩大了第二板块的比重。

小贴士

公文种类很多，目的各有不同。总的来说，绝大部分公文都逃不开四种目的，即展现成绩、推进工作、通告情况、组织力量。案例 1.1 是典型的以展现成绩为目的的工作总结，案例 1.2 的目的则是推进工作。本书还将通过多个不同案例来体现不同公文目的对文稿的决定性影响，希望能帮助各位读者体会到其中的差异性。

3. 第三板块主要介绍未来的期望或打算

第三板块意在表明今后应该往哪个方向去开展工作。在实践中，可以表述为"我今后要怎么做"，也可以表述为"建议你们今后要怎么做"。前者如案例 1.1 所示，是自己对自己做的计划和安排；后者如案例 1.2 所示，是对其他人的建议或者要求，表明希望得到外部的助力来完成某项工作。

在内容组织上，第三板块最好与第二板块形成呼应，一个特定的"问题"对应一个特定的"期望或打算"。在案例 1.1 中，问题板块虽然只有短短几句话，但也指明了问题主要是在"谋划能力""管理机制""服务效率"三个方面，因此在第三板块提炼了"谋划""落实""服务"三个方面，形成了一一对应的关系。在案例 1.2 中，第二板块所提出的"职责不清""人才缺乏""方向单一"这三个问题，也在第三板块里的"明确牵头单位""拓宽选人用人思路""拓展多元发展方向"中得到了针对性的回应。

小贴士

近年来，框架结构有了许多新的变化，需要我们根据实际情况和领导要求做相应的调整。比如，一些材料会在第一板块和第二板块之间增加经验、收获之类的内容。特别是在部分地方政府工作报告中，讲完第一部分的成绩之后，会加一块内容——"这些成绩给我们带来的启发和收获"，阐述一些经验心得。

1.2 从认识到重点到保障

这是一套特殊的逻辑框架，特殊在它有看似矛盾的两方面特点：一方面，它适用范围很小，大部分场合下仅适用于领导讲话稿；另一方面，它很常见，因为开会是经常性的，而会上总有领导做总结讲话，此类讲话绝大部分可以套用这样的逻辑框架。

1.2.1 领导讲话的实例展示之一

先看一则实例，这是一篇典型的会议场景下的领导讲话。

案例1.3

在廉洁文化示范点建设现场推进会上的讲话

同志们：

今天，我们在这里召开廉洁文化示范点建设现场推进会，主要任务是进一步加强廉洁文化建设，推进落实好 ×× 工作目标。刚才，×× 单位做了典型发言……；其他单位也进行了书面交流……此前，已经印发《×× 方案》……希望各单位在这次会上认真学习、相互借鉴……推动 ×× 工作更上一层楼。下面，我强调三点意见：

一、深刻把握新时代廉洁文化内涵，进一步增强廉政文化建设工作的责任感和紧迫感

在年初召开的十九届中央纪委六次全会上，习近平总书记强调，领导干部特别是高级干部要带头落实《关于加强新时代廉洁文化建设的意见》。6月17日，中共中央政治局就一体推进不敢腐、不能腐、不想腐进行第四十次集体学习，习近平总书记再次提到："要弘扬党的光荣传统和优良作风，开展有针对性的党性教育、警示教育，用廉洁文化滋养身心。"我们必须认真学习领会习近平总书记重要讲话精神，贯彻落实《意见》部署要求，全方位扎实推进新时代廉洁文化建设。

廉政文化是有关"政务"廉洁的文化，而廉洁文化则有着更为广泛的包容性。在 2009 年底，中央纪委、中央宣传部、监察部等六部门曾联合发布《关于加强廉政文化建设的意见》。今年初，中共中央办公厅印发了《关于加强新时代廉洁文化建设的意见》。对比前后两个《意见》，一字之变揭示了深刻变化，表现为"四个更加"，即……（具体略）这"四个更加"，再次表明了……的坚定决心。对此，我们必须紧紧围绕这"四个更加"，切实将……有机结合，实现……的氛围，助推廉洁文化建设工作高质量发展。

二、正确把握廉洁文化建设要求，深入推进廉洁文化建设

自廉洁文化建设工作开展以来，各单位……，取得了良好的成效。但同时，我们也要清醒地认识到存在的不足：如……。这些问题都有待我们在今后的工作中逐步加以解决。

在接下来的工作中，我们要着重在四个方面下功夫：一是把握目标主题。当前和今后一个时期主要任务是……。到 2024 年，培育……，促进……。二是明确工作思路。要按照……的要求，认真谋划，精心组织好……工作。同时，要创新工作举措，积极打造……品牌。三是突出工作重点。要持续强化……。要着重抓好……。要重点突出……。另外，我在这里还要特别强调……。四是深度挖掘内涵。要注重……，不断增强……。

三、加强组织领导，确保廉洁文化建设取得明显成效

我们要深入学习贯彻习近平新时代中国特色社会主义思

想，紧紧围绕××目标，健全各负其责、统一协调的工作机制，确保廉洁文化建设取得明显成效。

一要加强谋划部署。要把廉洁文化建设纳入××进行统一谋划、统一部署。各级领导人员特别是主要领导要……，把廉洁文化建设摆上重要议事日程，定期研究……，抓部署、抓督促、抓落实，统筹推进廉洁文化建设。

二要完善推进机制。进一步建立健全廉洁文化建设工作机制。……要完善责任机制。……要完善考核机制。……要建立财务保障机制……。

三要抓好统筹融合。要真正解决××问题，必须在××的有机结合上做文章。要抓好与××的融合。……要抓好同××的融合。……要抓好同××的融合……。

清风化雨，润物无声！……同志们，新使命催人奋进，新征程任重道远。我们必须……，不断……，以优异成绩迎接……！

1.2.2 领导讲话的实例展示之二

相比而言，这一篇领导讲话相对复杂了一些，但逻辑结构仍然是不变的。

案例1.4

在××信息化专题会议上的讲话

同志们：

今天我们召开专题会议，共同研究××建设应用的有关情况。刚才，各单位汇报了××情况，××同志汇报了××情况。大家立足各自岗位实际，实事求是地谈了……。我边听边记，很受启发。会后，××处的同志要总结好大家的意见……。

习近平总书记强调：要"让人民群众在信息化发展中有更多获得感、幸福感、安全感"。××信息化是……的关键举措，在××方面有很大的作用。××以来，我局深入学习贯彻习近平总书记系列重要讲话精神，认真落实××部署，在……方面都取得了一定的成效。依托××信息平台，我们的……得到极大提升，为……作出了巨大贡献。

在看到成绩的同时，我们还发现……亟需解决的一些问题。具体而言，包括……。这些问题严重制约着××，应该引起我们的高度重视，并认真加以研究解决。下面，我就××工作再强调几点意见。

第一，提高政治站位，进一步增强××的责任意识

一是贯彻上级部署的必然要求。××年×月，《××意见》印发，明确提出建立……。我们要……，把××不折不扣落实到位。二是服务人民群众的迫切要求。旧的信息系统……问题，导致……。而××信息化平台可以为群众提供……，并在……发挥着越来越重要的作用。因此，我们必须坚持以人民为中心的发展理念，全力推进……，打造……的服务品牌。三是××事业发展的现实需要。××发展必然会带来……的管理需求，由于……问题，已经难以适应……的要求。因此，从推动……考虑，必须完成……任务。

第二，加强协调联动，进一步统筹××的重点环节

一是带头使用。坚持……总原则，各部门要带头使用……，也要指导督促各地加快应用新平台。二是协同配合。要真正树立"一盘棋"思想，齐心协力完成任务。加强工作协同，积极与……，不断解决……问题，提升……的应用能力。三是提升

性能。硬件方面，要……，不断提升资源利用率。软件方面，要……，不断完善功能操作。同时，要畅通反馈渠道，尽可能满足多方需求。对于一时不能实现的功能需要，要说明具体原因，积极寻找替代方案。

第三，强化监督考核，进一步完善××的工作机制

一是健全制度，规范管理。研究出台××推广应用制度，确保××平台规范化运行。建立……制度，定期通报和研判××进展情况。二是落实考核，强化激励。要把××纳入考核，探索建立××等考核机制。采用……清单管理法，细化责任、措施、时限。纪检部门要……，形成督查合力。三是完善保障，确保运营。要加强对××的经费人员保障，加大对××应用知识的宣传力度。要牢固树立安全意识，加强……，全面筑牢××安全屏障。

同志们！

"关山初度尘未洗，策马扬鞭再奋蹄。"当前，尽管××取得了里程碑式的突破，但依然任重道远。全市各级××部门要奋发有为、担当作为、不辱使命，以饱满的热情诠释担当，以良好的状态履职尽责，努力打造××，全面推动××事业高质量发展，以优异成绩迎接……！

1.2.3　案例解析

从上面两篇领导讲话之中，我们可以发现两者在框架上的高度一致性。其实，还有许许多多的领导讲话稿，十有八九也是套用这样的框架，公文逻辑结构的固定性可见一斑。

使用这套框架需要注意以下几点。

1. 只适用于场上最大的领导

这套框架适用于领导讲话稿，但并非所有的领导讲话稿都可以如此这般。实际上，这套框架仅适用于场上最大的领导，也就是一场会议中的"重要讲话"。

在实践中，一场会议可以分为好几个议程，常见的是"三部曲"：

首先是主要负责单位做一个主题汇报，说明今天这场会议是关于什么事情的，这个事情目前是怎样的。

之后，由参加会议的单位围绕会议主题，结合自身情况，做一些交流发言。

最后，由出席会议的"最大"领导做一个"重要讲话"。

这套框架仅适用于这最后的"重要讲话"。换句话说，只有场上最大的领导才有使用的资格。

小贴士

在上述会议"三部曲"之中，第一项议程的主题汇报一般套用章节 1.1 的"从现状到问题到方法"框架，类似于本章的案例 1.2；第二项议程的交流发言则比较灵活，大部分会使用"一是二是三是"这样的简单并列框架。

2. 第一板块：上好思想课

这套框架之所以具有较高的地位，主要是因为其第一板块具有"教导意味"，赋予讲话人"居高临下"的气势，讲出来就是一堂特别的思想课。

思想课的主旨在于"统一思想"，也就是通过"论理"的方式表达领导对会议主题的理解。

这类理解的表述方式，一般有两种：

一种是要求大家认识到某项工作的重要意义。比如案例1.3的第一部分，就是要求与会人员认识到这项工作很重要。因此，这位讲话的领导会从多个角度切入，分析其重要的原因，引导听众用正确的态度去对待这项工作。而案例1.4的第一部分，同样通过三个角度的分析论述，表达"这件事为什么如此重要"。

另一种是要求大家认识到某项工作的急迫性。如果某次会议主题所涉及的工作任务是上级要求特别急切的，或者当前形势特别严峻的，那么领导讲话时就会突出压力，分析主客观形势的不利因素，从而"倒逼"听众去重视这件事，并投入更多的资源和力量去完成任务。比如案例1.4，在第一部分的论述之前便有一些涉及问题分析的内容。

具体采用哪种表达方式，应根据会议主题的特点去选择。相对务虚而压力较小的，可以选择第一种方式；相对务实而压力较大的，则可以选择第二种方式。两种方式的区别，主要是"主动与被动"的不同姿态。前者类似于"我觉得这件事很重要，理由如下"的模式，有种"谆谆教导"的沉着与耐心；后者则是一种"再不好好干，我们真要完蛋了"的强调与警示，有种"压力传导"的意味。

3. 第二板块和第三板块：讲明"干什么"和"怎么干"

上完思想课之后，第二板块和第三板块便可以分头履行职责，阐述"干什么"和"怎么干"。

所谓"干什么"，指的是想要完成主题目标，需要设立什么样的子目标、需要着力解决什么问题、需要注意什么细节等。比如案例1.3，我们的主题是推进 ×× 示范点建设，那么要想完成目标任务，就需要去做四件事情，即"把握目标主题""明确工作思路""突出工作重点""深度挖掘内涵"。把这四件事做好，达到各自的预期目标，××示范点建设这个核心任务也就完成了。再比如案例1.4，我们的主题是推进××信息化平台建设，那么要想完成目标任务，就需要去做三件事情，即"带头使用""协同配合""提升性能"。把这三件事做好，达到各自的预期目标，××信息化平台建设这个核心任务也就完成了。

小贴士

　　案例1.3和案例1.4最大的区别，在于其主题内容。前者是务虚的，后者是务实的，所以它们体现出的"干什么"区别很大。前者仿佛是一种偏学理且较为笼统的理解模式，而后者则更倾向于具体的工作要求。在实践中，只有对工作有一定程度的了解，才能确定"干什么"，而不是纯靠文字推理。

　　所谓"怎么干"，指的是在"干什么"的时候，需要有哪些方法和保障措施，描述的是"方法论"。简而言之，是要回答"干的时候要注意什么"这个问题。比如案例1.3，我们要干好这些事情，在方法上要注意"加强谋划部署""完善推进机制""抓好统筹融合"等。再比如案例1.4，我们要干好这些事情，在方法上要注意"健全制度，规范管理""监督考核，强化激励""完善保障，确保运营"等。在两个案例所涉及的主题工作中，把这些注意事项做到位了，就可以顺利"干下去"了，或者说是真正"干对了"。

小贴士

与"干什么"这一板块类似，只有对这项工作有一定的了解，才能把这套"方法论"写出来。闭门造车是行不通的。

1.2.4 进阶的完全体

上述逻辑框架，再加上两个案例，应该可以应付大部分场合下的领导讲话稿。当然，前提是我们对所涉及的主题工作有一定的业务知识储备，同时具备一定的政治理论素养。业务知识可以帮助我们写出"干什么"和"怎么干"，政治理论素养则可以帮助我们写好第一板块的"思想课程"。

在实践中，还有一些更加隆重的会议，通常会在这套"三部曲"的基础上再"套一层娃"，形成领导讲话稿的"进阶完全体"，即"肯定成绩"—"正视问题"—"正确认识"—"下步工作"。

这是一套更高级的讲话稿框架，适用于更加隆重的场合，比如某项工作的年度总结大会，或者一年只开一两次的综合性联席会议等。

1. 肯定成绩是鼓劲打气

在会议开场的时候，领导首先会把过去一段时间的工作做一个总结，总体保持肯定和表扬的意思，给参会人员打气鼓劲。肯定成绩这一段的写法，类似于本章第一节关于工作总结的介绍，在此不再赘述。

小贴士

　　需要注意的是，这里的工作总结站位更高，要站在更高领导的角度，而不是自身单位或者部门的角度，同时总结的内容也要更加全面。

2. 正视问题是给予压力

　　在这套"完全体"的框架结构中，关于问题的部分，既可以融入"肯定成绩"的板块里，作为"肯定成绩"之后的简单补充，也可以单独列为一个板块，更加全面详尽地讲述问题有哪些。两者其实并没有严格的差异性要求，全在于我们判断这些问题是需要"大讲特讲"，还是"一笔带过"就行。

3. 正确认识是上思想课

　　这里的正确认识，与前文所介绍的"思想课"其实是一样的，只不过把"上课"时间安排在稍微后面一点而已。

　　上述三个部分在逻辑上是相对固定的，但在实践中并没有特别明确的板块划分。比如，在有些讲话稿中，"正视问题"是"肯定成绩"的附属品，并不会单独成章。而"正确认识"这一块，在很多时候会被纳入"正视问题"板块。领导会倾向于在讲问题的时候，把重要意义或者急迫压力一并传达给与会者。但同时，"正确认识"也有很多时候会被纳入后面的"下步工作"之中。

　　我们在撰写文稿的时候，可以根据文稿的客观需要灵活处理这些板块性的问题，注重各个板块背后的逻辑关系，而不是死板地要求一篇文章必须分为几大块。

4. 下步工作是"小套娃"

　　前文提及，"进阶的完全体"是在原有"从认识到重点到保障"这套框架上"再套一层娃",因为"完全体"中的"下步工作"板块,可能就承载了原来的"思想课""干什么""怎么干"这三大块内容。

但是正如前文所述,我们对于板块的理解应该是一种逻辑关系,而并非死板的几个大段落。以案例1.4为例,将其转为"完全体"之后,其框架结构便如下所示:

案例1.5

在××信息化专题会议上的讲话

同志们:

今天我们召开专题会议,共同研究××建设应用的有关情况。刚才,各单位汇报了××情况,××同志汇报了××情况。大家立足各自岗位实际,实事求是地谈了……。我边听边记,很受启发。会后,××处的同志要总结好大家的意见……。下面,我主要讲三点意见。

一、肯定成绩,进一步坚定做好××工作的信心

2019年以来,我局深入学习贯彻习近平总书记系列重要讲话精神,认真落实××部署,在……方面都取得了一定的成效。

一是××工作取得突破。(具体略)

二是××结构显著优化。(具体略)

三是××品牌效益明显。(具体略)

四是××团队能效提升。(具体略)

在看到成绩的同时,我们还发现……亟需解决的一些问题。具体而言,包括……。这些问题严重制约着××的效率、效果、效能,应该引起我们的高度重视,并认真加以研究解决。

二、提高站位，进一步增强 ×× 的责任意识

一是贯彻上级部署的必然要求。（具体略）

二是服务人民群众的迫切需要。（具体略）

三是 ×× 事业发展的现实诉求。（具体略）

三、突出重点，进一步统筹 ×× 的关键环节

一是带头使用。（具体略）

二是协同配合。（具体略）

三是提升性能。（具体略）

四、强化监督考核，进一步完善 ×× 的工作机制

一是健全制度，规范管理。（具体略）

二是落实考核，强化激励。（具体略）

三是完善保障，确保运营。（具体略）

同志们！

"关山初度尘未洗，策马扬鞭再奋蹄。"当前，尽管 ×× 取得了里程碑式的突破，但依然任重道远。全市各级 ×× 部门要奋发有为、担当作为、不辱使命，以饱满的热情诠释担当，以良好的状态履职尽责，努力打造 ××，全面推动 ×× 事业高质量发展，以优异成绩迎接……！

1.3 从一是到二是到三是

这种并列结构是公文写作中不可或缺的结构，也是公务员语言文化的集中反映，已经融入每一位"笔杆子"的血脉。不管在什么样的场合，无论面对什么话题，我们在表达的时候都要"分点"。简而言之，任何事情都要分出一个"一二三"的思

维定式，才算是"思路清晰"，才算是"表达正确"，才算是"有点水平"。

小贴士

　　比如，在公务员考试的面试环节，我们要答好考题，就必须学会"分点"，学会用"一二三"这样的思维模式去回答问题。

　　在前面介绍的案例中，无论是什么框架，二级标题都逃不开"一是二是三是"，可见并列结构的普适性。但同时，有很多公文材料本身就是这样构成的，而不仅仅是在二级框架才如此表现。比如，经验类信息、先进事迹、心得体会等。

1.3.1　经验类信息的实例展示

　　经验类信息非常重视"一层套一层"的并列式框架组合，我们从以下案例中可窥知一二：

案例1.6

坚持问题导向抓整改　重整行装再踏新征程

　　今年4月，××镇被确定为市级社会治安重点治理镇区。对此，××镇坚持问题导向，深入推进××能力现代化，着力构建××格局，为推动……，实现了……的成效。自×月以来，××、××、××等指标均名列全市前三，夺得……荣誉。

　　一、立足大局，全员发动，凝聚了××力量

　　××镇严格落实××精神部署，先后制定……一系列制度，并制订了工作方案，明确了责任分工，成立了工作专班，细化了治理举措。同时，两任党委书记亲自挂帅，党委副书记带队深入……，广大干部职工……，各司其职、各负其责，实现了……，凝聚起××的蓬勃力量。

二、多措并举，重点攻坚，打造了××格局

一是高标准开展交通环境整治，道路形象有力提升。（具体略）

二是高质量推进矛盾纠纷化解，基层治理有效强化。（具体略）

三是高水平落实特殊人群管理，民生服务提质增效。（具体略）

四是高效率打好扫黑除恶战役，治安体系日趋完善。（具体略）

三、创新攻坚，争取合力，营造了××氛围

充分利用多种媒体渠道积极开展线上实时宣传工作……首次推广禁毒云课堂、云直播，推动宣传教育活动进企业、进社区、进机关、进校园、进网络，进一步营造全民参与平安建设的浓厚氛围。

新时代开启新征程，新使命呼唤新作为。××镇将……，以滚石上山的勇气和爬坡过坎的毅力，推动……，助力……，为……谱写基层美好新篇章。

1.3.2　先进事迹的实例展示

先进事迹也是适用这类框架结构的典型文体，各位读者可以从以下实例中感受这种并列式的结构体系。

案例1.7

建功新时代　巾帼勇担当

×××，女，19××年出生，中共党员，现为××局××科普通民警。从事公安工作×年来，先后经过××等多个岗位的锤炼，始终……，圆满完成了……。

一、政治上，她信仰坚定，信念牢固

该同志始终高举……，注重学习贯彻习近平新时代中国特色社会主义思想，深刻领会习近平总书记系列重要讲话精神，在学懂弄通的基础上，××水平和××能力不断提升。特别是在党史教育等系列主题教育活动中，该同志表现出了……。同时，该同志还注重发挥××作用，展现了……。

二、工作上，她素质过硬，业务精湛

该同志在专业上自我要求严格，对其负责的××、××、××、××岗位的工作熟稔于心，成绩斐然。一是××模式成功创新。该同志牵头探索××，强化……，推动建立了××机制。全年共开展……××次，有效提升了……。二是××履职不断强化。对……提前介入，变××为××，先后指导了……案件的处置，为××提供了……的服务，也有效提升了基层队伍的××素养。三是××培训务实有效。结合××工作实际，运用××、××、××、××等措施，使××常态化、规范化、制度化。先后开展××培训××次、××培训××次、××培训××次，提供××咨询建议××次。四是××指引编发完善。××期间，指导编写××、××、××等文件，××裁量基准得到完善，确保……达到××效果和××效果的有机统一。

三、作风上，她勇于奉献，不计得失

走上××岗位以来，她时刻坚持……，以……投入各项工作中。特别是××机构改革后，该同志在……的情况下，承担起××所有工作，全面梳理工作职能，从头建章立制……在最短时间内推动工作走上正轨。尤其是她休完产假后……舍小家为大家。她热情、开朗、乐观向上……有良好的团队协作精神……以工作为先，不计较个人得失。在廉洁自律方面，她时刻以××的标准严格自我要求……把纪律和规矩放在首位……自觉接受××监督，管住自己，守住小节，防微杜渐……以实际行动树立××良好形象。

1.3.3　案例解析

上述两篇案例，在逻辑结构上并没有明确的递进关系，主体内容的各个部分之间仅仅是并列关系。

1. 无"轻重之分"

案例 1.6 作为一篇经验类信息，主要是说明"××镇取得好成绩"的原因，介绍了成绩背后的"全员发动、重点攻坚、争取合力"三项举措。这三项举措之间没有明显的"孰轻孰重"区别，也没有"谁是谁的前提"这样的因果关系，更多的是"要同时去做而且都要做好"这样的并列关系。

案例 1.7 是围绕某个具体个体的事迹，主要介绍"××（这个人）优秀在哪里"。一方面，"优秀的地方"自然不止一处，而是体现在多个不同的角度；另一方面，这些"优秀的地方"也没有明显的"轻重之别"，没有相互依赖与递进的关系。它们只是用以说明"这个人这里也好，那里也好，各方面都好"，所以用并列关系最为合适。

2. 有"先后之别"

需要注意的是，并列关系里面虽然没有明显的"轻重之分"，但在写法上会有"先后之别"。我们在判断"孰先孰后"的时候，需要遵循一些惯例，或者凭借自身对该项工作的认识和了解。

比如案例 1.7，综合性的个人先进事迹，一般会按照政治表现、工作表现、作风表现这样的顺序进行，有约定俗成的先后顺序。而案例1.6，这么多的素材内容要判断先后性，不一定有约定俗成的顺序可以参考。在实践中，"组织领导"方面的内容一般会放在第一位，"宣传氛围"之类的工作则往往会作为最后讲述的内容。至于中间的内容怎么分"先后"，只能由撰稿人根据自己对这项工作的认识和了解做出判断了。

同理，大家也可以回顾案例1.1。在案例1.1的"现状"板块之中，也有四个方面的内容。这四个"二级标题"之间是"一是二是三是"的并列关系，至于说究竟"孰先孰后"，考验的便是撰稿人对单位工作的认识程度了。

小贴士

并列逻辑关系的好处，在于错了也好改。如果领导认为先后顺序有问题，我们根据领导的指示，将各个板块剪切粘贴调整一下即可，实在是非常方便快捷。

1.4 从概括到过程到价值

这是新闻类信息的核心框架结构。虽然除了新闻类信息，以及新闻类信息的变种——通讯类信息之外，这类框架也缺少其他可用的地方，但是因为这类信息的普遍性，以及对新手而言的常见性，还是有必要将其作为独立的一节。

1.4.1　新闻类信息的实例展示

新闻类信息是十分常见的公文体裁，数量庞大，结构相对固定。以下便是一则典型的新闻类信息：

案例1.8

市公司领导莅临指导××工作

××月×日，市公司领导×× 一行××人到我分公司实地调研，指导××工作。公司总经理×××陪同。

××一行首先来到××现场，仔细查看了××流程以及相关组织管理工作。之后，通过走访××详细了解今年……情况，并在××召开专题座谈会。

在座谈会上，调研组听取了我公司关于××的汇报，并对我公司在……方面的工作给予充分肯定。在此基础上，双方就……问题进行沟通交流，市公司对……问题给予全面而细致的指导，为我公司下一步的××等工作提供了……

最后，市公司领导×××就当前……工作提出四个方面要求。一是提高站位，把好规划关。要立足当前、规划长远……，把××作为当前工作的重点，保底线、破纪录。二是严抓管理，把好质量关。结合××工作，在开展好××工作的同时，抓实……工作。对××、××的，严格执行××制度，并严肃追究责任。三是深化举措，把好安全关。严格执行××等政策，坚决做到平稳收购。对接好地方××、××等部门，严厉打击涉及××的违法犯罪活动，切实维护和保障××的根本利益。

在此次调研指导之后，××分公司将认真总结、进一步……为全市××任务的顺利完成做出更大贡献。

1.4.2 通讯类信息的实例展示

通讯类信息是新闻类信息的一种变体，相比新闻类信息，它增加了可读性和趣味性，更加吸引广大读者。两者的逻辑结构是一致的，如以下案例所示：

案例1.9

"羊"眉吐气王老汉 变身致富"领头羊"

"以前一家人住在阴暗潮湿的土房，现在搬进了90平方米的商品房……；2014年……吃了上顿没下顿的。现在我专心养羊，女儿开着小商店，一家人日子过得可红火呢。"面对记者的采访，一向老实憨厚的王老汉脸上洋溢着幸福的笑容，嘴上说个不停。

王老汉名叫××，今年××岁，是××一位普通村民，有一个肢体残疾的女儿，2014年被确定为建档立卡贫困户。近几年来，在××帮扶下，王老汉一家人……赶着羊群成功摘掉了"贫困帽"。

2015年，在××的影响下，王老汉的思想发生转变……一次性购买了70只育肥羊，……成功卖出了40只，收获了养殖路上的"第一桶金"……

2016年，××申请项目资金并发放扶贫羊。王老汉第一个跑到村委会报了名，领取了……，现在已经变成了40只。除此之外，还另外买了100只公羊。

2018年，已经轻车熟路的王老汉又大手笔……，还用赚来的钱买了现在住的房子。

从那以后，羊圈总是"羊满为患"。2019年他买了100只育肥羊，今年打算再购买200只。"添饲草料、收拾羊圈、观察羊群……"又是一个天还没亮的清晨，王老汉便早早爬了起来……。看着羊群在一望无际的草原上，他的内心感到异常充实。前几年，为了帮助王老汉一家走出贫困泥潭，政府给他身患残疾的女儿经营的小商店减免了房租……没想到短短几年，王老汉的家庭生活发生了天翻地覆的变化。

"吃水不忘挖井人，脱贫不忘感党恩。"王老汉朴实地说道，"在新时代的小康征程上，我还要扩大养殖规模，搞好科学养殖，带动更多的村民脱贫致富。"如今他正在向村里申请建设更大的养殖场，养羊致富的"初心"没变，只不过这次他心里装的是乡里乡亲，想让他们也尝尝"羊味"。

1.4.3　案例解析

我们日常工作中能接触到的信息类稿件可分为三类：经验类信息、新闻类信息和通讯类信息。其中，经验类信息主要展现成绩，是最"值钱"的一类信息，也备受领导关注，其框架结构遵循的是前一节讲的并列式逻辑。新闻类信息和通讯类信息相对较为日常化，可能是一项具体工作或者过往一些事情的总结和反馈，虽然对上级领导而言没有太多的"价值"，但却十分普遍。

其中，新闻类信息面向行业内，是"自己人"对"自己人"说话，所以遣词用语相对规范简洁，或者说相对"官方化"。通讯类信息则是面向广大人民群众的，是"自己人"跟"外人"说话，所以会安排一些对话或者情节，使文章尽可能地摆脱"八股气息"，更具可读性。

新闻类信息与通讯类信息虽然受众不同，但是撰写的框架逻辑是相同的：先概括全文的内容主旨，再讲述事情的经过，最后点出这件事情给未来，或者说给大局带来的意义。

1. 开门见山讲主题

比如案例1.8，第一段就说明新闻要讲的内容，即某月某日，上级领导×××带队莅临调研某项工作，陪同的是公司的×××。

再比如案例1.9，第一段就阐述了主人公的身份，以及他这十几年从"土房"搬到"商品房"的转变，点明了本文的主旨。

由此可见，这类稿件的开头都是相对比较简单的，不需要有太多笔墨，只需要点明主题即可。相比而言，案例1.9的开头显得更加复杂一些，这主要是因为此案例是通讯类信息，写作者为了摆脱"八股气息"而设计了一些人物对话式的语言，所以显得没有那么精练。但是与后文更加细致的描述相比，这一段仍然属于较为简单直接的叙述。

2. 循序渐进讲过程

比如案例1.8，在第一部分讲完主题之后，接着讲述了这一场"调研"活动的经过，即先干了什么，又干了什么，最后领导又讲了什么等。这一系列过程，并不需要有多好的文笔或者剧情编撰能力，只要按照活动的先后顺序如实记录即可。

小贴士

在实践中，因为新闻类信息特别强调时效性，宣传稿需要在活动开展之前就准备好。对此，我们可以先按照方案里设计的过程，将经过部分填写到稿件之中。在活动结束之后再加以微调，便可以提高撰稿效率。

相比而言，案例1.9则是围绕一个人物若干年的脱贫之旅来写的，其过程无法用三言两语简单如实记录，需要抓住其中的关键内容，形成清晰而一致的脉络。在该案例中，主人公可能在每一年都有许多不同的境遇，也有许多重要的改变。但既然通讯稿的主题是"养羊致富"，那么稿件中所提取的主要内容就应该是其在"养羊"道路上的经历，对其他内容则可以忽略不计，从而保持整篇文稿的一致性。

需要注意的是，通讯稿也可以不讲"人"而讲"事"，比如讲述某项服务举措给社会带来的便利性，讲述某项制度改革对原有问题的影响等。这类通讯虽没有相应的"主人公"，但为了增强可读性，也会虚构一些人物。只不过在特定事件"经过"部分的写法上，也可以不按时间顺序来铺陈。

3. 高瞻远瞩讲价值

新闻类信息和通讯类信息，在讲完全部经过之后，会再留出一段话，强调一下作用、意义等，算是一种简单的升华或表态，为这篇信息，以及这篇信息所代表的这项工作画上圆满的句号。

比如案例1.8，在介绍完整个调研活动的经过之后，再简单做个总结，主要意思是"在上级的关心之下，我们以后会做得更好"，类似于"今后会更上一层楼"的表态。

在新闻类信息中，这种结束语和表态语是比较常见的，如果要写的是单位的一场集体活动，那么可以在最后说"通过这次活动，我们单位在……方面有了……的提升，今后还会进一步……"；如果要写的是一次学习培训会，那么可以在最后说"通过这次学习，全体参加人员有了……的收获，今后在工作中会进一步……"；如果要写的是一项重要的仪式性活动，那么可以在最后说"这场活动标志着……，我们以后会进一步……"。总而言之，我们可以借助这一段展望未来，升华活动的价值。

案例 1.9 作为一篇通讯材料，本身就存在着"以小见大"的旨趣，即从"王老汉"这一个体的命运来阐释扶贫政策的社会效益和价值。因此，通讯材料的最后一段就有"画龙点睛"的效果了。前文已经说明，通讯材料为了将"切口"弄小，或者说为了使稿件本身更具可读性，常常从细微处入手，写一些具体的人和事。但是通讯稿本身存在的意义，却并不是这些具体的人和事，而是其背后更加宏大的叙事。因此，最后一段便有了存在的必要，它帮助通讯稿完成了自己的"使命"。

1.5　从务虚到务实到要求

这是一种特殊的公文结构，适用于一些政策意见或工作方案，具有自上而下"发布"或"公告"的意味。实际上，这种公文结构是"从认识到重点到要求"这种领导讲话结构的变体，可以看作将领导对某项工作的"口语化"要求转变为更加固定的"书面化"布署。

1.5.1　关于活动方案的实例展示

活动方案一般是针对某一项具体工作而制定的方针指南，注重实操性和指导性。比如以下案例：

案例1.10

××论坛活动实施方案

为纪念习近平总书记"两山"理念提出十五周年，深入践行"两山"理念，加强××间的交流协作，经研究，决定举办××论坛活动，并制订如下实施方案。

一、指导思想

以习近平新时代中国特色社会主义思想为指导，认真贯彻习总书记系列重要讲话精神，深入践行"两山"理念，进一步增进……，努力打造……平台。

二、活动主题

践行"两山"理念、推动××发展、建设美丽××

三、时间和地点

（一）活动时间：20××年×月×日—×月×日

（二）活动地点：××市××县××学苑

四、组织领导

（一）主办单位：××××、××××

（二）承办单位：××××

（三）参加对象：××合作单位约××家（具体名单见附件1）

五、具体活动安排

（一）××论坛开幕仪式

1．时间：20××年×月×日上午×点—×点

2．地点：××县××学苑××礼堂

3．出席人员：×××、×××、×××等领导，以及××等单位代表共计约××人（具体名单见附件2）

4．议程安排

（1）××领导致辞；

（2）×××、×××、×××等×位领导为××揭牌；

（3）××领导介绍××创建情况；

（4）××单位代表参观××项目。

（二）××专题研修班

1．时间：20××年×月×日至×月×日

2．地点：××学苑

3．参加对象：××单位代表约××人（具体名单见附件3）

4．研究学习主题：××发展、××文明建设、践行"两山"理念的示范样本

5．研究学习形式

（1）邀请××专家学者举行专题讲座和专题辅导；

（2）组织实地参观考察；

（3）交流研讨。

（三）××论坛（共分两场举行）

1．第一场

（1）主题：（略）

（2）时间：20××年×月×日

（3）地点：××学苑

（4）邀请嘉宾：×××、×××、××学者，××代表

（5）参加对象：××等单位代表共计约××人

（6）议程和形式：（略）

2．第二场

（1）主题：（具体略）

（2）时间：（具体略）

（3）地点：（具体略）

（4）邀请嘉宾：（具体略）

（5）参加对象：（具体略）

（6）议程和形式：（具体略）

六、工作要求

（一）强化组织领导。各部门要切实提高思想重视程度，充分认识……，强化责任落实，……论坛活动取得实效。

（二）加强组织协调。各部门要……，加强沟通联系，……切实做到统筹协调、相互配合、整体联动。

（三）加大宣传力度。要充分发挥宣传舆论的作用，凝聚发展共识，……注重挖掘和宣传在践行"两山"理念中涌现出的先进典型。

1.5.2 关于实施意见的实例展示

与工作方案相比，实施意见更侧重于一些较为全局性且宏观性的内容，所以更注重工作部署，强调统筹价值。比如下面的案例：

案例1.11

××乡贯彻落实××××的实施意见

为深入学习贯彻习近平总书记系列重要讲话精神，全面落实省委《关于××的决定》、市委《关于××的意见》、县委《关于××的实施意见》，将××乡建设成为××的现代化××，制定如下实施意见。

一、总体要求

（一）指导思想

深入学习贯彻习近平新时代中国特色社会主义思想，以习近平总书记系列重要讲话精神统领××发展全局、谋划未来蓝图、推进各项工作，切实增强……，为推动……发展奠定坚实的基础。

（二）基本原则

坚持党的全面领导，贯彻新发展理念，深入理解和把握……的要求，坚持……原则，统筹经济社会发展，建设××。

（三）发展目标

——到 2025 年，农民人均纯收入达到 ×× 元，年均增长 ××%。乡域总人口控制在 × 万人，供水普及率达到 ××%……

——到 2030 年，农民人均纯收入达到 ×× 元，年均增长 ××%。乡域总人口控制在 × 万人，供水普及率达到 ××%……

二、重点任务

（一）大力发展现代服务业。做大商贸服务业……努力建设 ×× 中心。做强旅游服务业，依托……，发展 ×× 旅游业。

（二）保持民营经济健康发展。扎实开展 ×× 工作，支持民营经济高质量发展，……鼓励民营企业进入 ×× 等领域。

（三）优化农业产业布局。落实国家粮食安全战略，突出……，做大做强……特色产业。加快推进农业产业化进程……走上科技型 ×× 道路。探索土地流转模式……力促产业化、现代化发展。

（四）促进特色工业发展。做大农副产品加工业，围绕……，壮大农产品精深加工。加大能源勘探力度，……提高综合承载力。

（五）实施乡村振兴战略。坚持 ×× 要求，……围绕产业发展、政策保障、工作机制加强衔接，……确保贫困群众稳定增收。推进农村人居环境整治，……建设一批美丽宜居乡村。

（六）建设美丽宜居乡村。构建生态治理新格局，……统筹打好 ×× 攻坚战。科学编制国土空间规划，……完善资源有偿使用机制，……严控 ×× 等污染。加大生态保护修复力度，……严格落实生态补偿机制。

（七）推进城乡融合发展。支持 ×× 挂钩政策，健全 ×× 机制，推动人口向城镇集聚。实施 ×× 工程，促进 ×× 要素与农村资源有效对接，推进××均等化。

（八）提升文化影响力。坚决守好××遗存，传承好历史文脉。深入挖掘××特色历史文化，推进××融合发展。实施××提质增效行动，依托本地文化，培育××等新业态，提高文化产业竞争力。

（九）推动基层治理体系和治理能力现代化。完善××的社会治理体系，加快建设……。推进××中心规范化建设，坚持重心下移、力量下沉……发挥××的作用，促进……有机融合。

三、实施要求

（一）加强学习，提高本领。深入学习贯彻习近平总书记系列重要讲话精神，学习××等知识，用好××资源平台。坚持以学促知、知行合一，在工作实践中增长才干，在破解矛盾问题中提升能力……

（二）解放思想、改革创新。持续开展××大行动，大力弘扬××精神，坚决破除……。创新××机制，大胆使用××干部……营造干事创业、担当尽责的浓厚氛围。

（三）以上率下、真抓实干。坚持以上率下、示范引领，"一把手"主动肩负起……，一抓到底。坚持目标导向、层层推动，对标新要求夯实责任，聚焦新任务分解落实，……以钉钉子的精神推进各项重点任务落实。

1.5.3　案例解析

从上面两个案例可以看出，此类框架结构十分类似于前面所介绍的领导讲话，即"从认识到重点到保障"。

1. 各个板块的意义是什么

案例 1.10 的工作方案，第一板块是相对"务虚"的指导思想和活动主题，对参与这项工作的人来说，不看也问题不大；第二板块则是相对"务实"的内容，包括时间、地点、活动流程、参与人员等，对参与这项工作的人来说，需要不断对照这些内容以确保工作的有序推进；第三板块的"工作要求"，可以看作一种引导、告诫或者提醒，对参与这项工作的人来说，这些是他们随时要注意的要求或者细节。

案例 1.11 的实施意见，第一板块是总体要求和基本原则，也是一些相对"务虚"的内容，不影响文稿具体内容的选择和撰写，很多时候甚至可以"一套了之"。特别是在具体实践中，这部分往往是将同样主题的上级文件拿过来，结合本地情况稍加修改润色即可。第二板块则是一项又一项的具体任务，也是实施意见的核心部分，是相对"务实"的内容，讲述了这份实施意见到底"想干什么"。对于全乡干部职工来说，对照这一部分便可以找到自己的职责任务；而对于"外人"而言，也可以从中知晓制定这个实施意见的意义所在。第三板块作为实施要求，强调这份实施意见贯彻落实中需要有哪些保障工作需要落实到位。

> **小贴士**
>
> 案例 1.11 的第三板块，是根据上级（县里）的文件"套取"的，与平时常见的实施意见有些不同之处，也可能是出于当地特殊情况的考量，现已无法核实。

通过上述两则案例，我们可以比较清晰地看出各个板块所承载的功能，而这种板块的功能布局与领导讲话的框架十分相像，如出一辙。我们可以尝试着做一种比较：

"务虚"部分，是高大上的理论、口号或者原则等，与领导讲话中的"认识"部分有着根本性的共性：都是基于思想认识的论述，站位更高，可以"居高临下"地发挥出提纲挈领的作用。

"务实"部分，是具体的一项项工作任务，与领导讲话中的"重点"部分都是组成稿件的核心内容，也都是着眼于提出目标、督促落实等。

"要求"部分，与领导讲话中的"保障部分"都是解决"怎么干""干的时候要注意什么"这样的附带性问题，两者高度一致。比如，案例1.9的最后部分，甚至可以直接拿来作为领导讲话中的"保障部分"。

相似性的源头是什么呢？

2. 相似性及其原因

工作方案和实施意见本身就是领导工作思路的文字化，在实践中，也是将领导口头布置的任务加以固定化的一种方式。为了更好地理解这一点，我们可以围绕案例1.10和案例1.11，设想这些文稿背后的故事内容。

以案例1.10为例，这份工作方案在拟订之前，肯定经历过复杂烦琐的讨论和决策程序，从而将一场庞大的活动转化为一个个明确的细节要求。在这一过程中，可能会有不同级别的领导在不同场合"拍板"并做出相应的指示。其中，某位相对地位较高的领导，可能还开过一场综合性或者终局性的会议，然后在会上做了一番重要讲话。这一套"讲话稿"，自然按照"从认识到重点到保障"的框架进行。讲完之后，"笔杆子"就以领导的思路和内容作为基础，形成了工作方案文本。

小贴士

　　事实上，这位领导的重要讲话十有八九也是"笔杆子"撰写的，只不过工作方案侧重于书面化，而讲话稿更侧重于口语化罢了。

　　我们再来看看案例1.11。这是某乡镇为落实某项具体战略所拟订的实施方案。我们可以设想这一方案制订出台的全流程：首先，领导会在内部布置这项工作，召集相关人员进行讨论，对方案加以修改。或者说，他们会一边"套"上级的实施意见，一边结合本地情况加以修改润色，最终形成了实施意见的文稿。之后，便召开一场主题为××乡贯彻落实××××的动员大会，并在大会上下发这份实施意见文稿。同时，参会的乡镇主要负责人还会做一席重要讲话。这一套流程下来，我们会发现实施意见的文稿与这位主要负责人的讲话稿其实同出一源，虽然形式不同，但实际上"殊途同归"。

　　因此，无论是先有领导部署，再有工作方案，还是先有实施意见，再有领导动员，文稿之间其实具有天然的关联性。

1.6 从问题到原因到对策

　　这一框架是"自省性"框架，主要用于自查报告、对照检查、剖析材料等"刀刃向内"的材料，有一种"先抑后扬"的节奏感。

1.6.1 关于剖析材料的实例展示

　　剖析材料是近年来比较常见的公文材料，其内容虽然"丰富多彩"，但逻辑顺序是高度一致的。

案例1.12

××个人剖析材料

根据××文件精神，本人围绕学习贯彻习近平新时代中国特色社会主义思想，对照××等5个方面，深入查摆自身存在的差距和不足，深刻剖析了问题产生的原因，认真制定了整改措施。现将有关情况报告如下：

一、存在的主要问题

（一）学懂弄通……方面。一直以来，能自觉把学习教育放在突出位置，认真学习……。但通过查摆，发现仍然存在理论与实践结合不够紧密的问题……对理论与实践的辩证关系重视不够，运用理论解决问题的能力还不够强。

（二）坚持和加强……方面。本人在谋划和开展工作时，始终紧密结合……。但通过查摆，发现仍然存在联系服务基层主动性不强的问题……平时虽然也有深入××开展调研，但从调研的深度、广度、实际解决问题程度等方面来看，都还有所欠缺。

（三）履职尽责……方面。本人能够做到……帮助××呈现出"稳定恢复、逐季回暖、持续向好"的趋势。但通过查摆，发现仍然存在攻坚克难的勇气和韧劲不够的问题……特别是在已预见形势严峻的情况下，没能找到好的破解办法……导致部分工作成效不理想。

（四）加强远景谋划……方面。本人坚持深刻学习领会……新的重大意识和实践要求。但通过查摆，发现仍然存在主动谋划创新意识不强的问题……在推动一些探索性和开拓性工作方面的力度还不够大。

（五）落实全面……方面。本人始终严格落实"一岗双责"……但通过查摆，发现仍然存在不够动真碰硬的问题……

对一线干部的工作生活困难了解和关心还不够。

二、产生问题的原因分析

上述问题的产生，虽有客观方面的原因，但更多的还是本人的主观原因：一是理论武装抓得还不实。没有沉下心来……，应用理论的水平不够高。二是宗旨意识树立还不牢。没有完全把……，面上指导得多、具体操作得少、深入基层一线少。三是履职担当精神还不够。没有对……，韧劲还少了点。四是从严治党守得还不稳。在××方面降低了标杆、放松了标准，……缺乏硬性的督促检查。

三、努力方向和整改措施

在今后的工作中，我将坚决……武装头脑，坚持问题导向、立行立改，重点针对查摆出的不足之处和问题根源，努力从以下四方面抓好整改落实。

（一）坚持学习为先，做政治坚定的"明白人"。（具体略）

（二）坚持服务为本，做基层满意的"贴心人"。（具体略）

（三）坚持担当为要，做干事创业的"带头人"。（具体略）

（四）坚持廉洁为责，做严于律己的"老实人"。（具体略）

1.6.2 关于自查报告的实例展示

与剖析材料相比，自查报告的内容会更加具体一些，也更偏向于实际事务。各位读者可以将案例1.13与案例1.12做比较，体味一下二者的差别。

案例1.13

××公司关于安全生产专项整治行动的自查报告

按照××要求，我公司紧扣××具体任务……确保了公司安全生产形势持续稳定。现将有关自查情况汇报如下：

一、安全生产专项整治工作开展情况

（一）落实责任严自律。成立了××小组，印发了××方案……形成了××的工作格局。不定期召开××会议，传达贯彻上级关于安全生产的重要部署精神，分析研究××环节，对下一阶段工作进行部署。

（二）宣传教育造氛围。以××活动为契机，组织学习了××等知识，牢固树立安全观念。以××为载体，组织开展了××等宣传活动，有效营造了××良好氛围。

（三）围绕关键抓整治。严格按照要求……，××力度不断加大。以××为重点，定期组织××排查，并对发现的问题做好了梳理登记。整治行动启动以来，共出动检查××人次，汇总自查自纠问题××多项。

（四）强化监管促成效。建立了安全生产问题督办工作机制，加强了对××的安全检查，日常严格落实××措施，有效筑牢了疫情防线。

二、安全生产专项整治工作中存在的问题

（一）制度落实不够到位。一些干部职工对××的认识和理解还不够准确，安全工作存在××的现象，特别是在制度落实方面，仍然存在××的问题。

（二）理念树立不够牢固。仍然存在重指标、轻安全的现象，××意识不强，……等走过场，操作技能掌握不全，存在主观隐患。

（三）保障能力不够全面。随着××建设步伐的加快，设施设备、管理方式的匹配度逐渐降低，安全生产保障能力日渐不足，存在新的安全隐患。

三、下一步整改重点

（一）持续强化制度落实。进一步严格××制的落实……使安全生产管理工作进一步深化、细化。

（二）持续加强宣传教育。不断加强××培训，定期开展××活动，加强对新入职人员、换岗人员、重新上岗人员的教育……

（三）加大保障投入力度。以××为目标……，着力提升××能力，……提高设备设施安全管理水平。

1.6.3 案例解析

上述两个案例本质上都是在进行"自我批评"，强调的是某种意义上的自我否定。但同时，两篇稿件在内容和形式上有较大的区别，这也说明这套框架的灵活性。

（1）马上反思还是等会再反思

既然是否定自己，那么我们就必须要讲问题。是开篇就讲问题，还是先用一般性语言来个过渡呢？

这取决于上级对这类文稿提出了什么样的要求。因为所有的以"自我否定"为主旨的文稿都是根据要求写的，不太可能是我们主动要采取的动作。

小贴士

现实中很多以展现成绩为主的稿件，是我们"主动出击"的产物，写的时候生怕概括不够全面、表述不够新颖、报送不够及时。而"自我批评"的稿件则是被动产生的，主动性与被动性的差别清晰可见。

因此，我们是如同案例 1.12 那样直接就切入问题，还是像案例 1.13 那样先讲一下前期工作情况再切入问题，需要我们根据上级文件的要求来准确理解。在现实工作中，类似于具有政治意味的剖析检查、自我评价、整改对照等"刀刃向内"的材料，都会有十分严谨的格式模板要求，可以让我们省去很多心思。

（2）问题和原因要分开吗

同样地，这个问题也取决于格式模板，对照要求自然也很容易做出判断。

在一些缺乏明确指引的场合下，我们还是按照"不分"的原则来撰稿。也就是说，我们默认为这两项是合并在一起的。

公文与论文不同。论文篇幅相对自由，发挥空间较大，可以细细地将一些问题的表象提炼出来，然后再用篇幅不小的章节一一分析问题背后的原因。公文的篇幅十分有限，讲究言简意赅、简明扼要，很难有足够的篇幅空间去讲问题背后的原因。

因此，我们常常可以将问题的表象作为小标题，在小标题背后直接叙述"为什么会产生这个问题"。各位读者可以仔细看案例 1.13 中关于问题的部分，就是用"标题即问题表象、内容即问题原因"的手法来处理的。

（3）对策部分也要一一对应

与前面论及的章节 1.1 一样，最后一部分的对策也要与问题或者原因做到一一对应，有针对性地采取整改举措才算是形成了闭环。在实践中，由于这类材料是在做"自我批判"，问题部分的分量会相对更重一些，需要我们投入更多的精力。

第2章

公文框架的建构方法

第 1 章里所列举的公文框架，已经涵盖了绝大部分现实工作对公文类型的需求。对大部分"笔杆子"来说，已经足以应付日常的文字任务了。

但是我们也知道，现实生活中的文稿需求是特定的，或者说是个性化的。不同的材料写作任务，有不同的背景，带着不同的具体目的。甚至不同风格的领导，对于文稿内容的侧重点以及文字的审美，都会有不同的判断。第 1 章的框架仅仅是一级标题的逻辑或者套路，但现实工作中，我们不可能只写若干个一级标题就完事，还需要布置好二级标题的内容，考虑好孰先孰后、孰多孰少，抑或谁讲谁不讲，以及谁与谁的分分合合等。

因此，我们还应该对框架做更加细致的思考和建构，主要就是对二级标题做好设计。按照一般的思路，我们会沿着谋全篇、布格局、定分寸的"三步走"策略，"从大到小"，逐步明晰文稿的整体架构。

在这一过程中，我们需要注意哪些要点呢？

（2.1） 谋全篇：篇幅是大还是小

谋全篇的环节，主要是确定材料整体的框架布局，解决最基本的问题。虽然稿件的逻辑结构可以套用本书第 1 章所展示的套路，但是在实战中，我们不可能将这些框架拿来"一套了之"，还需要考虑这么几个因素。

首先，要知道这份材料大概需要多大篇幅，需要讲多一点，还是简单讲讲就可以了。在实践中，"少"比"多"更难，因为篇幅长，文字多，可以更好地讲清问题；如果篇幅短，字数少，就要考验我们对文字的精炼能力了。但事实上，我们拿到手的公文素材，大部分是经历过一番精炼的，如果要"精益求精"，那难度自然就成倍提升了。

如何确定文稿的篇幅呢？在实际工作中，主要有三种办法：看页数，看时间，凭经验。

所谓看页数，就是根据文稿需要的页数，按照每页 500 字的标准加以估算，确定字数范围。比如，领导要求提交一份 6 页纸的报告，那差不多就是 3000 字。

所谓看时间，就是针对各类演讲稿、发言稿、讲话稿，按照每分钟 150 ～ 200 字的标准加以估算，确定字数范围。比如，领导发言要讲 10 分钟，那差不多就是 1500 ～ 2000 字。

所谓凭经验，就是与过去类似场合、类似需求、类似目的所撰写的材料相比较，推定大概的字数范围。比如，去年单位工作总结写了 3000 字，今年的总结自然也可以按照 3000 字的惯例来写。

确定了篇幅，我们心里便有了数，大体上知道了文稿的繁简程度，而这一要素决定了材料的全篇框架。

2.1.1 篇幅的实例对比

通过下文的两个案例，我们来分析一下，在相同要求之下，因为字数的差别所造成的文稿差异。

案例2.1

同一篇简讯，我们准备了复杂的和简单的两个不同版本，复杂版的简讯如下所示：

重温历史，牢记使命，"四史"学习"扎实推进"
——第三党支部开展"四史"学习教育主题党日活动

历史是最好的"教科书""营养剂"和"清醒剂"。"四史"

是中国共产党宝贵的精神财富，也是中国共产党人增强底气、骨气、正气，提升党性修养水平的根本依据和内生动力。学习"四史"有助于……。为进一步提升学习效果，×月×日下午，××第三党支部前往大沽口炮台遗址进行了参观学习，通过聆听解说员讲解、录制微视频、交流学习心得等方式，重温历史、不忘初心、牢记使命。第三党支部全体党员、入党积极分子参加了活动。活动由第三党支部书记×××主持。

奋起反抗，抵御外辱，铭记天津人民家国情怀

在讲解员的引导下，我们首先来到大沽口炮台遗址。全体党员……仿佛回到了……历史，重温中国共产党人的初心使命。全体党员纷纷表示，大沽口炮台见证了中国近代以来的屈辱历史，但也让大家铭记天津人民奋起反抗、不屈不挠的斗争意识，十分受鼓舞。

救亡图存，抗击日寇，重温中国共产党人的初心使命

跟随着讲解员的步伐，我们又来到全国明星村王兰庄。作为全国唯一的"一二·九"运动纪念馆，它见证了"一二·九"这场伟大的抗日动员运动，见证了天津青年在中国共产党的号召下，积极开展救亡图存、反抗日寇侵略的真实历史。参观的年轻党员对革命先辈的热血激情和爱国情怀表达了由衷的敬意和钦佩，也对中国共产党人的初心和使命有了更加深刻、更加真实的体会和认识。

清除腐朽，迎来新生，见证中华人民共和国伟大诞生

顺着参观的路线，我们来到平津战役纪念馆。纪念馆主体共分为6个展厅，陈列着2500件珍贵的历史文物，运用现代化手段，准确、客观、全面地反映了平津战役的全过程。全体党员在此仿佛看到了……，尤其是在走到解放天津会师纪念地金

汤桥时，我们热血澎湃、兴致盎然，无不对中国共产党及其领导的人民解放军感到由衷的骄傲和自豪。

参观完全部景点后，一行人又回到了××门口，结合××，就参观感受进行了交流，对习近平新时代中国特色社会主义思想有了更深的认识和了解，也感受到了肩上的责任和使命。大家纷纷表示，将以实际行动为……做出更大的贡献。

有时候因为信息报送篇幅限制，我们需要对信息加以缩写，使其符合上级的收录要求。于是，简略版的信息便诞生了：

××第三党支部开展"四史"学习教育主题党日活动

×月×日下午，××全体党员前往大沽口炮台遗址红色教育基地，开展"四史"学习教育主题党日活动。

在讲解员的引导下，××一行人首先来到大沽口炮台遗址，重温了早期中国仁人志士抗击侵略的历史。随后，又来到"一二·九"运动纪念馆，认真了解和倾听了"一二·九"运动的光辉历史。顺着参观的路线，又来到平津战役纪念馆，依次参观了6个展厅，全面了解平津战役过程。最后走到了解放天津会师纪念地金汤桥，深切感受到了天津解放的喜悦和激动。参观结束后，××一行人又回到了××，就全程参观的真实感受进行了分享交流。××纷纷表示，此次主题党日活动有收获、有感触，今后将……做出更大的贡献。

上述两份文稿，都是基于同一事件而形成的信息稿，在框架结构上也没有脱离第1章所介绍的"从概括到经过到价值"，也即它们的主题、内容和框架都是一致的。

但是，两者的表现却有很大不同，最直观最明显的区别，就是前者字数更多，框架分段也更加复杂，或者说需要我们敲出更多的字，描述更具体的过程事项，拟定更工整的段落标题。而后者看上去更加轻松简单，但实际上也需要将内容进行高度提炼和精简，在有限的字数范围内尽可能保留更多的信息。

案例2.2

我们可以再对比下面两篇案例，这是同一位人物的先进事迹。

复杂版的先进事迹材料如下所示：

××同志事迹材料

××，女，汉族，19××年×月出生，中共党员，××××年×月参加工作，现任××职务。

参加工作×年来，她始终满怀对党的无限忠诚、对人民的无比热爱，把政法维稳当使命，以践行"五个一"的实际行动赢得群众的信任，通过……成为老百姓的"贴心人"。

一是始终坚持一心向党的政治底色。××同志深学笃用习近平新时代中国特色社会主义思想，认真学习贯彻党的十九大和十九届历次全会精神。自担任××职务以来，以一往无前的奋斗姿态，认真钻研××、××、××等业务知识，××项目化得到有效创新，推动了××服务；成功探索××合作互惠机制，有效链接××资源，打造了××公益品牌。依托××组织，强化××基层治理思路，为××创新贡献范本。

二是始终坚持一生为民的质朴情怀。在××岗位上，××同志精心设计××服务清单，涉及××项服务内容。举办了××项目创新大赛，陆续开展××余场次××活动，服务人群近万人次。组织开展××赋能培训，参训学员××人次，有效推动了……的惠民效果。

三是始终坚持一身正气的处事原则。××同志严格执行中央八项规定，清白做人、干净做事，清正廉洁、公道正派。特别是组织××、××等工作中，她面对压力与诱惑，能够做到……，得到了服务对象的一致认可。

在她的带领下，××工作在全市××系统连续五年名列前三，得到了××等领导的一致肯定。同时，××同志也获得了××、××、××等荣誉称号。

与此作为对比，我们再展示一篇简略版的先进事迹：

××同志事迹材料

××，女，汉族，19××年×月出生，中共党员，××××年×月参加工作，现任××职务。×年来，她在××项目化、××合作互惠机制、××基层治理体制改革等创新工作中取得突出成效。她坚持一心为民的质朴情怀，设计××服务清单，组织开展××场次公益活动和××赋能培训，实现了××效果。她坚持一身正气的处事原则，坚守底线，得到服务对象的一致认可。

上述两篇稿件都是先进事迹材料，也是基于同一人物和事迹内容所形成的材料，在逻辑框架上同样也是"一是二是三是"的并列结构。之所以最后呈现出不同效果，自然也是因为不同的篇幅要求。

小贴士

我们去参评先进个人或者先进集体的时候，经常需要准备两份不同版本的材料，即一份全版和一份简版。因为许多评选表格设计时就留下了两处不同的事迹填写要求，一份相对字数较多，可以写1000来字，另一份字数相对较少，估计只有300字左右，因此，先进事迹这类材料是练习"简繁切换"的理想载体。

2.1.2　可以处理或者调整的内容

写全版或者写简版，可能是领导的要求，也可能是文件的规定，这些客观的要求不因我们的意志而改变。一旦要求确定，我们就需要把握哪些内容可以作为被"精简"的对象。通过前面两组案例的对比，我们也能发现，"全版"中的一些内容在简版中并非被"精简"，而是直接被删除了。这些"非必要"的内容，主要是一些重复性的、过程性的、细节性的描述。

比如，对于主题党日的每一个环节，参观人员都会有一些不同的反馈和表现，但这些反馈和表现总是大差不差的，是典型的"重复性"内容。因此，我们既可以在每个环节中都描述一番，也可以在最后笼统地描述一遍，前者就成了"全版"的内容，而后者则可能被"简版"拒于门外。

比如，一位先进人物所取得的成果，其背后都会有一些方法和举措，这就是"过程性"内容。我们在稿件中既可以描述"他通过什么方法取得了这些成果"，也可以加以省略。在"全版"中，可以介绍"认真钻研知识""制定清单"等表现，再推导出这些方法所取得的成果。而在"简版"中，可以选择讲方法而不讲结果，也可以选择讲结果而不讲方法。当然，在大部分场合下都是选择讲结果，因为大多公文材料中的结果比方法更重要。

又比如，文稿中的细节部分，或者说不受关注的部分，我们也可以"尽情地"精简。在主题党日活动的简讯中，如果有充裕的篇幅空间，自然可以介绍每个点位的内容和特点，从而凸显不同环节的教育价值。如果篇幅有限，就只能将这些细节内容予以删减，只留下与主题相关的部分。

2.1.3　处理或者调整的依据

为什么"重复性的""过程性的""细节性的"描述是可以被精简或者被删除的呢？或者说，具体到每一项具体内容，我们凭什么去判断是否需要，或者是否合适呢？

归根到底，这个问题的答案在于文稿的目的是什么，它最需要传达出的信息是什么。如果内容能体现文稿所注重的主题，则这部分尽量不省略；如果仅仅是起到衬托作用，则这类内容便可以加以模糊或者省略。

以这两份实例来看，第一组案例是新闻类信息，主要目的是介绍本单位做了某项工作，完成了一些"规定动作"。因此，不可缺少的是一个接一个的动作，以及这些动作的结果。比如参观了某某场所，进行了分享交流，得到了感想体会，最后再来一番表态等，这些内容是不能省去的。至于每个场所的内容和特点，"主人公"在每个环节所收获的大同小异的感受等，则不需要赘述，因为这并不影响预期的"读者"——往往是布置这项任务的上级领导——对于信息本身的判断。我们可以设想，领导可能想了解的仅仅是这个下属单位有没有搞活动、活动主要内容是什么，或者说下属单位也可能是想通过这篇信息主动向领导报告这些情况。

第二组案例是先进事迹，是要拿去评审的材料，主要目的是将其人其事宣传介绍出去。但是在绝大多数场合下，一个人能否被评为"先进"，主要靠的是过硬的成绩。先进事迹作为重要的"竞选材料"，将起到为"主人公""摇旗呐喊"的作用。在评价过程中，"结果"是关键的考量因素，其重要性是高于"过程"的。因此，如果是字数充裕的"全版"，那么就可以放一些"过程性"的东西，以使文稿更加饱满。但如果是字数有限的"简版"，自然要更加集中于对"结果"的展示，而无暇顾及其他内容了。

小贴士

虽然现实中很多评先评优的结果并不取决于材料，或者说这类材料可能仅仅是完成程序要求罢了，但是我们作为"笔杆子"，仍然要做到对稿件负责。另外，领导对于成绩的评价，永远是"结果"重于"过程"。没有好的结果，再漂亮的过程也仅仅是聊以自慰。因此，所有展现成绩的稿件都要绝对突出"结果"，把最能体现"结果性"成绩的数据指标、节点进度、荣誉称号等内容，尽可能地"甩"上去，才有可能取得最好的成效。

2.2 布全局：需要分出几个点

根据篇幅要求，再按照不同的文体和目的，明确了对应的框架之后，文稿的"骨架"已经浮现在我们的脑海之中，接下来便是不断填充和完善"血肉"的过程。

"血肉"的多与少取决于文稿的篇幅要求，也就是前一章节提及的"谋全篇"。而布局，则是对框架的完善，可以理解为在"一级标题"之下部署好"二级标题"。

如果仅仅是数百字的简单材料，诸如豆腐干样式的信息或情况汇报等，就可以跳过对这一环节的思考，因为篇幅有限，并没有太多可推敲布局问题的空间。

但如果是一些比较复杂的材料，在大框架之下每一部分还需要分出"一二三"来，则布局问题就需要好好考虑一番。

比如，要讲"存在问题"，那么在诸多问题中如何归纳总结出"一二三"？

比如，要讲"工作成绩"，那么面对各条线上报送的大量成果，如何区分主次先后？

又比如，要讲"保障措施"，那么面对千头万绪的跟进举措，如何厘定轻重缓急？

在实践中，当然需要根据具体情况加以整合。毕竟在不同的地区、不同的单位、不同的场合，面对不同的材料任务，带着各不相同的职责使命，写出的文稿自然也不会有完全统一的套路。

但是在其中，有一些规律性的方法和技巧或许可供借鉴。

2.2.1 诉诸上级

如果有上级的稿件作为指引，那么我们在归纳和整合的过程中，就可以按照上级稿件的模式来"套"，省去很多麻烦。最常见的是一些层层"套开"的会议讲话稿，或者一些层层"套发"的制式文件。

所谓"套开"的会议，指的是一些重点工作部署会，省里开完市里开，市里开完县里开，会议规格都相似。而领导的讲话，自然也是省委书记讲完市委书记讲，市委书记讲完县委书记讲，讲的是同一个主题，只不过站在不同的层级，结合本省、本市或者本县的具体情况罢了。假设我们是为县委书记准备讲话稿，那么便可以先拿到省委书记和市委书记的讲话稿，再对照其布局来确定我们自己手上这"甲乙丙丁"到底该怎么区分归类。

所谓"套发"的文件，比如，关于某项战略的实施意见或者工作方案，省里发了市里发，市里发了县里也要发，文件内容关于同一个主题，只不过站在不同的层级，结合本省、本市或者本县的具体情况罢了。假设我们需要拟定本县的实施意见或者工作方案，便可以按照省里或者市里文件对各项具体工作的分类，来确定本区域这些内容到底该怎么归纳分类。

小贴士

如第 1 章中的案例 1.11，这份文件并非乡镇"原创"，而是根据县一级的方案"套发"的。也就是说，无论是框架结构还是内容要素，都是按照上级的来，只不过将一些具体的数据和内容替换为本乡镇的实际情况罢了。连乡镇一级也要"套发"一个实施意见，可见这种文稿在日常工作中比较普遍。

遇见能"套"的材料，是一件比较幸运的事情。很多新人对此会望而却步，感觉上级的东西"高大上"，怕自己难以匹配这种高难度的任务。但实际上，这类材料完全可以"先套后改"，即先"套抄"下来，再结合本地区的实际加以调整和修改。在这件事上，我们可不能担心什么原创性或者重复率之类的问题，如果瞻前顾后，反而容易误事。

2.2.2　诉诸历史

如果没有上级的文稿可以"套取"，我们还可以从"历史的故纸堆里"寻求答案。比较常见的是综合性的工作总结，或者一些定期的工作情况报告、分析材料等。这类文件具有重复性和反复性，我们可以从过去的经验中得到分门别类的方法。

比如，我们每年都要撰写的单位年度工作总结，虽然每年的工作不一样，但是对各项工作分门别类的套路却是不变的。各个处室或者科室，虽然今年的工作内容与往年的可能完全不同，但是站在整个单位的角度，哪条线上的工作先讲，哪条线上的工作后讲，都有相对固定的模式，一般也很少有调整。

小贴士

或者说，就算有调整的必要，那也是领导要考虑并拍板的。对于我们而言，照搬历史经验至少不会"出大错"。

2.2.3　诉诸要求

我们所撰写的材料，如果有相应的规范要求，那就按照要求执行，肯定不会错。

比如，要撰写一份述职述廉述德报告，肯定是先谈"履职情况"，也即本职业务情况，接着谈廉政建设方面的内容，最后谈个人品德，从"职"到"廉"到"德"，按照这个顺序套下来。

比如，我们要撰写一篇岗位竞聘演讲稿，就要先找到竞岗方案，因为一般这类竞聘方案中会提到竞聘稿需要逐次介绍什么内容。然后根据方案里设置的要求，确定演讲稿先讲什么、再讲什么、最后讲什么。

所以，有明确撰写次序要求的文稿，在布局上大可以按照相应的要求套下来，不需要考虑太多。

2.2.4　诉诸套路

如果是原创性要求比较强的稿件，既没有上级现成的材料可参考，也没有历史经验可借鉴，更没有明确的要求规定，我们便只能根据一些客观的逻辑规律，相对合理地安排文稿的二级标题。

但是考虑到公文材料的多样性，以及适用场合的灵活性，也很难梳理出百分百可以直接套用的格式。因此，这里就常见的一些格式内容做简单介绍。

梳理和总结日常接触较多的材料，格式主要有这么几种。

第一种，"从高到低"。

越"高大上"的越放前面，越"现实"的越放后面。这种格式最为常见，也相对百搭。无论是回顾过去取得的成绩，还是指出当前面临的问题，抑或是畅谈未来的计划，都可以依循这样的格式。

比如回顾过去，就可以先讲讲宏观层面的部分，包括制定了规划、理顺了机制、制定了政策、搭建了平台等，都是一些举足轻重的工作内容，体现出"高瞻远瞩""纵横捭阖""深谋远虑"，展现出领导"有思路"的风采；具体事项部分，可能涉及多个方面，判断的原则也是先看这些事项的具体程度，越靠近

"顶层设计"的，越往前面挪，越接近具体事务性工作的，越往后面移，整体上有一种"从大到小"的布置样式。最后往往是关于内部工作的部分，可以讲讲团队建设之类，主要聚焦于自身能力的培养等。

如果是阐述问题，那么同样是形而上的最大、形而下的次之、主观层面的放最后。在具体实践中，诸如机制理不顺、规划谋不深、站位定不准等"大而化之"的问题，往往要摆在第一位；至于其他具体的一个个实际困难和不足，便要放在稍稍靠后的位置，而这些问题内部的排序，自然也根据"从高到低"的原则来安排；最后的问题则是关于自身建设方面，包括团队积极性、综合能力或者凝聚力等方面。

小贴士

如果是介绍下一步的工作计划，一般也是按照这样的套路来。因为这部分与存在的问题，或者与回顾过去的内容之间会有一定的对应关系，在套路顺序上自然也可以一脉相承。

第二种，"人物的三部曲"。

大部分涉及个人性质的材料，大多是政治挂帅、业绩次之、作风殿后。这种格式常见于个人工作总结、先进事迹等。

比如，在个人总结方面，我们一般首先讲政治理论方面的内容，包括坚定不移的政治立场、紧抓不懈的理论学习等，突出人物在政治思想上的正确性和坚定性，以及对理论学习的重视程度和与时俱进。之后，便开始进入业绩环节，这一板块相对"有血有肉"，主要介绍人物在工作方面的成效。如果是工作总结，调子可以放低一些，用比较平淡的语气来铺陈工作内容；如果是先进事迹，则需要相对突出一下。最后再简略地谈一下个人品德作风方面的内容，怎么刚正不阿、怎么以身作则，等等。这一套"三部曲"下来，一位典型人物的良好形象，便通过公文写作的范式展现在人们面前。

小贴士

其实对于人物的这一套布局特点，可以看作第1章的逻辑框架类型之一。只是在"三部曲"中，任何部分都可以进一步再考虑布局问题。特别是第二部分的工作业绩，哪些业绩先讲，哪些业绩后讲，往往也要按照"由高到低"的顺序排列。

第三种，"合并同类项"。

这种布局方法相对高阶，需要我们对内容不止是熟悉，还得做到精准分类判断。一旦完成这个过程，写出来的稿件框架有很大概率成为精品。

比如，我们针对某一件事做分析报告，而这种报告长期以来已经成为一种"定式"，可以按照一定的规律，从常见的几个部分去分析问题。但如果我们对问题稍做调整，或许容易取得更好的成效。

小贴士

本书案例6.5，便是"合并同类项"方法的典型应用之一，各位读者可以从中体会方法，这里不再赘述。

定分寸：哪些能放哪些不能放

在特定的框架结构下面，每个部分的篇幅要大致相同，从而保持文章内部在视觉上的平衡性。特别是在二级标题下，这种平衡性的要求会更高。容易破坏视觉平衡性的内容，在很多情况下需要"加工"，甚至直接删减或者放弃。

下面以一则案例说明。

案例2.3

某地召开外贸经济形势座谈会，需要撰写一份分析汇报材料。在关于企业外贸面临的问题因素部分，文稿如下：

当前，企业外贸出口主要面临四个方面的问题：

一是国际贸易形势复杂。受美国加息、××××、××××等相关因素的影响，国际贸易形势日趋复杂，产业格局调整继续深化，为我市出口带来更多的不确定性。二是龙头产业增长乏力。由于××价格下降等因素，以××、××、××等企业为代表的××产业贸易出口出现较为明显的下降趋势，难以支撑起全市贸易出口的增长。三是物流效率有待提升。近年来，随着××港效能的进一步提升，物流运输的承载压力也随之加大。通过前期对相关企业的调查研究，大部分企业普遍认为当前××港的海运路线资源还需要拓展。另外，企业认为通关便利化服务与港口组货拼箱的流程整合程度还需要提高，以进一步减少通关环节的各类成本。四是贸易转型动力不足。××、××等外贸新业态平台的发展步伐仍然相对滞后，贸易转型发展的自发意识和内生动力还有待增强。

从上文的例子可以发现，问题部分主要涉及四大块，而其中第三大块的叙述风格与其他板块明显不一致。第三块关于当前港口物流运输不畅通方面，可能相关素材内容较多，撰稿人员直接将这些内容全部放上去，导致稿件在内容框架上失衡，破坏了文稿的美观性。而这点不一致，表面上是导致篇幅失衡，实质上则是毫无必要地凸显了其中一项要素，而降低了读者（听众）对其他要素的关注程度。

小贴士

　　最直观的，就是暴露了撰稿人极度不负责的态度。因为上述稿件内容并没有完全"经过脑子"，仅仅是机械式的搬运与堆砌罢了。

因此，我们需要对这部分内容加以整理，形成如下文字：

三是物流效率有待提升。港口海运资源仍然不足，通关各环节流程还存在整合不到位的问题，便利化程度需要进一步提升。

在篇幅上的缩略，以及在内容上的精简，确保了文章整体结构的平衡。实际上，在很多"组稿"环节，这种处理都是必不可少的。

第3章

公文框架的取舍裁量

通过第 1 章和第 2 章的分析，我们大致上有了框架搭建和布局的方法，以及对整体框架分寸的把握。但是在此基础上，我们仍然需要对内容进行取舍和裁量。

本章的取舍与裁量和前 1 章的侧重点不同，不是出于形式上平衡的考虑，而是出于内容上的取舍与裁量。或者说，本章的取舍与裁量是一种主动的优化措施，而并非平衡性限制下的无奈举动。

那我们要如何对材料加以取舍或者裁量呢？

3.1 首先要明白写作的目的是什么

所谓"文以载道"，每一份公文材料都有它的使命和目的，公文的框架逻辑及其所形成的惯例套路，都是为了更好地达到公文写作的目的。既然形式上如此，那实质内容上自然也不能自顾自地特立独行。

材料写作的目的，根据不同的情况大概可以分为四种，或者说，简单可以归纳为四句话：

展现成绩的："这件事我干得太好了，我太厉害了！"

解决问题的："要干好这件事，还需要领导和兄弟们支持，具体是……"

通告情况的："现在有这么一个情况，大家听清楚了，要注意了！"

组织力量的："我们准备干这件事，你，你，你，你，你们分别要这么做……"

3.1.1 展现成绩

展现成绩是公文写作最重要的目的。无论是对于集体，还是对于个人，做成了一些事情、取得了一些成果，如果不及时对外广而告之，那就无法让成果得到有效的宣传和普及，也就难以实现诸如营造氛围之类的效果。

这类材料，常见的有工作总结、信息简讯、经验交流等。

比如，工作总结便是对外展示本地区、本单位、本部门，或者本人的工作业绩，它们最后的呈现，可能是地方政府工作报告、单位工作总结、处室年度总结、个人年度述职等，而它们的核心思想都是高度一致的。因此，这类公文自然会将笔墨大量地"泼洒"在对过去成绩的回顾上。

小贴士

展现成绩是每个人都会经历的写作内容，因为工作总结具有普遍性特点。无论是否在专门的文书岗位，都需要撰写个人工作总结，至少一年一次的年度总结是逃不了的。

类似的还有信息简讯。我们做了一件具体的事，时常要搞一篇信息简讯出来，向上级或者其他什么地方报送。写这类信息简讯的目的，就是要表达出"我们成功做了某件很有意义的事"，无疑这也是展现成绩的一种形式。

另外，还有一些交流发言稿，特别是在介绍"先进经验"的场合下，我们的发言稿主要是为了展现自己的成绩。事实上，领导认为这类发言稿相对比较重要，因为在那些可以"更加有效地"展现成绩的场合，自然要有能够达到这一目的的高质量稿件。

由此可见，日常工作在"干得好"之余，还需要"写得好"，如此才能得到有效宣传，影响力也才会进一步扩大。

3.1.2 解决问题

这是一类针对特定的具体事情而形成的请示或者报告性质的文稿，一般是在做某件事情过程中遇到了困难，需要向上级报告问题，并提出建议，希望借助上级的力量来解决问题。依着这样的目的，稿件自然也不能只顾着"自吹自擂"，而更需要集中力量去实事求是地反映问题。

这类材料，常见的有情况汇报、专题报告、请示件等。

比如，某单位在推进某项工作过程中遇到了问题，需要上级出面协调解决。在该单位的努力之下，上级领导终于愿意组织一场协调会来解决这个问题。为此，该单位要准备协调会上的汇报材料。这类材料的重心必须放在描述和分析问题上。毕竟在这个场合，我们的目的是要抓住难得的机会，动用领导的力量来解决难题，而不是请领导出来听我们"吹牛"。

另外，类似于日常工作中的请示件，也是针对某一个具体问题，通过书面形式来征求上级的许可，是一种"直面难题"并提出建议的文稿类型。

这类文稿以"解决实际难题"为己任，自然也要花更多的笔墨在问题部分，而不能单纯讲述前期的成绩。因此，要写好这类稿件，不单单要文笔过关，更重要的是要求对具体事务的熟悉程度，以及相应的分析能力。

3.1.3 通告情况

这类稿件的目的，是向特定群体告知或者提醒某件事情。这种文体具有"广而告之"的意味，强调的是一种权威。

　　这类材料，常见的有通知通报、公告公示等，口径上可外可内，可以是政府向人民群众的告示，也可以是政府内部的通报。另外，近两年流行的工作提示单，本质上也是一种更加简易化，或者更加明确易懂的工作通知，常用于安全生产、防汛抗灾、应急处置等情况较为复杂而且政策多变的工作领域。由此可见，公文写作这门学问不是一成不变的，而是随着客观需求的变化而不断发展进步的。

小贴士

　　注意，上下级之间行文，即使是关于同一件事，双方在目的上也是完全不一样的，进而导致了行文风格上的巨大差异。下级向上级的请示，其目的是请求上级做出决策，从而解决下级工作中遇到的问题。而上级向下级的回复函，其目的则是就某种决策结果向下级通知。因此，这两种文体在目的上有本质区别，造成其风格迥异。

3.1.4　组织力量

　　在工作实践中，我们经常需要协调组织多方面的资源和力量，去投入到某一件具体事务之中。这些资源和力量，需要有一定的规矩加以组织调配。这种规矩最终需要通过公文写作，形成一篇具体的文稿。

　　这类材料，常见的便是各类方案。宏观层面的，包括推进某项任务而使用的工作方案，在内容上设定各个相关单位的具体分工和职责；微观层面的，包括召开会议用的会议方案、举办活动用的活动方案、接待宾客用的接待方案等。

这些文稿并不会特别强调文笔，而更加注重我们对涉及各个环节的内容展现是否周密细致。比如，在谋划工作方案的时候，各个重要单位及其职责是否有遗漏；在制订活动方案的时候，领导上台站位的细节是否考虑周全；在设计会议方案的时候，发言单位名单的确定是否合理。这些细节功夫远远超出了公文写作本身的范畴，考验的是个人对于具体事务的理解、分析和处理能力。

小贴士

除了上述展现成绩、解决问题、通告情况、组织力量这四个方面的常见目的之外，还有一些用于个别场合的材料带着个性化的目的，需要我们根据具体情况灵活确定。比如我们参加学习培训，经常要撰写心得体会，虽然这类文稿很难归入上述四个大类之中，但我们只要考虑一下场合，也可以明白撰写这类心得体会的目的，不外乎是向领导报告自己在培训之后有了什么收获，在今后该如何干得更好，等等。因此，先了解目的，再动笔撰稿，可以少走很多不必要的弯路。

3.2 不同目的之下，判断取舍与裁量

面对撰稿任务，我们在明确了目的之后，就可以从容判断文稿各个部分的份量，以及不同部分给文稿本身带来的变化。同时，我们也可以明白领导对文稿的要求，确保稿件内容更加

符合实际需求。

在四大类目的指引之下，哪些需要多说，哪些需要少说，便有了清晰的思路导向。在此基础上，我们可以对文稿各部分内容进行取舍和裁量。

3.2.1　不利于主题的事不要说

公文材料都有相应的目的，有其自身的目标追求，所有的文字内容都是围绕着目的目标铺陈推进的。但是，一些内容虽然在框架体系之内，铺陈起来却容易将主题冲淡，导致受众的注意力被转移。

对于这方面的内容，即便符合框架体系的要求，在具体表述方面也要尽量压缩。我们可以从四种不同目的的文稿之中，探讨常见的"不利于主题"的内容。

在以展现成绩为目的的文稿中，我们以工作总结为例。写工作总结的主要目的是展现成绩，那么关于过去一段时间的成果总结或者过程呈现，必然都是重中之重。相对而言，工作中存在的问题应当少说。所以，在常见的工作总结中，除非上级有特别要求，一般情况下问题部分往往会几句话掠过，不会展开长篇大论。

在以解决问题为目的的文稿中，我们以请示为例。写请示须遵循"一事一请"原则，下级单位主要围绕一个具体问题讲困难，提出建议或者请求。因此，问题分析部分以及建议请求部分，是框架中的重点，需要用更多的笔墨。在此类文稿中，背景或者前一阶段工作情况应尽可能简明扼要，避免喧宾夺主。

在以通告情况为目的的文稿中，我们以内部的工作通知为例。这类稿件主要就是说明下一步需要大家做什么事情，围绕下一步的目标，将方法、路径、保障措施等内容介绍到位，无论讲得详细还是简单，都是重心所在。至于其他部分，包括做这件事的背景、意义或者原则等，能简则简、应简尽简。

以组织力量为目的的文稿同样注重流程管理、任务分配和细节提醒，在实践中往往是言简意赅地说明时间地点、谁要干什么、哪些细节要达到什么标准等，既不用过多地去说明大背景、宏观要求，也不需要反复介绍使命意义，只是将一个个具体事项说到位就可以了。

我们假设这样的情景：

单位要撰写一份先进经验信息，主题是介绍本单位在政务信息工作方面的先进经验。经过梳理，前期总结出的经验包括"组织领导有力""考核机制完善""培训成效明显"等，分别总结了领导对信息工作重视、对信息工作有相应的管理机制、对信息员有培训等方面的情况。

在稿件讨论过程中，有人提出是否再增加一条"亮点成果纷呈"，来说明其他业务工作成效对信息工作的帮助。

因为业务工作有了相应的成果，自然信息素材也就多了，从而为信息工作取得优异成绩奠定了基础。

这一建议有其自身的道理，但这种做法冲淡了主题，甚至容易引出另一个问题：为什么你们的业务工作会有这么多亮点呢？这样一来，话题就被扯远了，脱离了信息工作的范畴。

因此，在实践中，这一点并不会被写入经验信息中，从而保障了文稿主题的统一性。

3.2.2　不利于团结的话不要说

一篇文字材料，不管篇幅多大，其洋洋洒洒的文字，都是围绕着同样的目的，符合统一的思想主旨。

如果有一部分内容会导致文稿出现自相矛盾的问题，我们便需要仔细分析背后的原因，不能一股脑直接"扔上去"。单单从框架看，或者从文稿的表面性质看，我们很难看出"自相矛盾"的内容。但是在起草稿件的时候，需要"多一个心眼"，注意到那些"不能说的故事"，也就是那些与稿件目的"严重背离"的内容。

比如说，我们要撰写一份经验类信息，展现我们在某项工作中取得的卓越成绩，那么我们就不能在信息中过多地提及这项工作当前存在的问题。就算是眼下的工作未必十全十美，也不能在经验信息中说太多不是。

如果以解决问题为目的写稿，比如说要写一篇专题会议上的主题汇报稿，或者说专门给领导写一份请示，那就要围绕特定问题说清楚，突出这个问题所带来的影响，以及解决这个问题的迫切性。就算是这个问题没有我们看起来那么严重，或者说这个问题的解决是"可有可无"的，我们也不能将这些信息在文稿中体现出来，否则便成了"自相矛盾"，而且会让上级领导觉得我们在"无理取闹"。

相比较而言，以通告情况为目的的稿件，以及以组织力量为目的的稿件，内容相对简单，自相矛盾的内容也容易被发现，一般不会堂而皇之地"搬上去"。

无论何种稿件，只要出现"自相矛盾"的内容，一定要分辨其是否可以写上去。接触这类问题越多，我们写出来的材料质量越高，也越能达到文稿预期的目的。

小贴士

一篇材料写得好不好，主要看领导觉得好不好。而领导是否觉得好，取决于很多因素。有一部分领导对于文字水平会比较关注，但大多数领导更关注的是文稿是否有助于达到预期的目的，而不仅仅是文字上的堆砌与雕琢。

在实践中，我们可以将矛盾分为两种：

1. 无法运用技术处理的矛盾

对于其中必然存在矛盾的部分，可以根据需要取舍，大部分情况下须根据不同的原因加以调整，更改说法，或者直接放弃。

这种情况比较多地出现在"统稿"过程中，特别是"跨部门"统稿过程中。因为一些综合稿件常常牵涉不同业务线上的工作，每条线上提供的资料素材都带有各自的任务目标与利益诉求，相互之间可能存在冲突和矛盾。

比如，在某件具体事情上，有些部门可能希望更加激进一些，而其他部门则可能要求相对保守。如果统筹这两个部门所提供的稿件，就不能出现既要激进又要保守的矛盾论，两者只能择其一。具体选择哪个方面，需要根据文稿的目的来定。

2. 可以运用技术处理的矛盾

如果两种内容并没有不可调和的矛盾，或者仅仅是从不同角度对同一问题的分析判断，那么我们可以尽可能地对这种矛盾加以技术处理，争取在材料中实现共存。

当然，这么做的前提是我们自身对这件事有深入的了解和认识，确保有能力做出正确的判断。

以下面一则案例来说明：

案例3.1

某县政府召开关于安全生产工作的专题研究会，需要我们统筹一份领导讲话稿。为此，与会的各相关部门都提供了相关素材文稿。经过梳理，我们发现，关于职责分工的内容，相关部门的材料产生了抵触。

其中，应急管理部门认为行业主管部门应当加强履职，承担起对各个经营主体的监管责任。各个行业主管部门却提出，其缺乏有效的强制监管手段，应当由应急管理部门强化日常监管措施。

这种问题十分常见，主要是各部门之间职能界定不清晰，从而在具体任务分配上出现了冲突。现实中，我们还需要考虑不同部门力量配备、职权能力和历史惯例等。

当然，这些是需要领导去考虑的事项，并非我们"笔杆子"可以"越俎代庖"的。但是在实际中，领导可能没有时间考虑这项工作，或者还在争取形成解决这类问题的共识。对此，最合适的处理方式应该是"充分整合"双方意见，形成一份综合性文稿，如下所示：

各部门应当强化沟通协调……形成合力。××部门应当发挥好行业主管部门作用，严格贯彻落实"管行业就要管安全"的原则，将安全生产与×××等工作相结合，确保将安全生产××等机制落实到位。××等部门应当进一步加强督促指导，用好××、××等措施手段，确保××形势的有效改善。

上面这段话，回避了两个部门之间的争议，而是用一种更加笼统与模糊的说法，将双方的意见加以整合。当然，这仅仅是公文写作层面的处理方法，并不能真正解决工作实践中的职责分工问题，只能为我们争取一些缓冲的时间。

实际上，面对这种问题最稳妥的处理方式，就是寻求上级的文件支持。如果上级规定好了部门职责分工，那就按照上级的规定执行。对于县一级政府来说，参照上级的职责分工再往下套，几乎不可能出现错误。

3.2.3　不利于简约的字不要塞

在稿件中，有一些表述给人的感受既不是"少说几句吧……"，也不是"别说了，别说了……"，而是"虽然需要说"，但"说起来又太长太累人"。

这种情况最典型的有三种，一是细节性的，二是技术性的，三是注释性的。也就是说，为了论证我们的主题内容，有一部分情况是可以略过不谈的，但略过不代表不要这些内容，只不过为了文稿的简约性，以及各板块之间的平衡性，需要对其中一些内容加以省略。在实践中，如果有必要，这些内容往往通过附件的形式予以呈现。

1. 关于细节性

比如，在一份汇报材料之中，我们汇总了全市某项指标的完成情况，并且需要将这个情况体现在文稿中，便可以用附件的形式，在文稿最后部分放一份表格。这样既省略了正文中对于各地情况的长篇大论，也确保文本中的相关内容有据可查。又比如，在一份通知公告之中，我们对各个行业主管部门分解了一项工作任务，并且以通知的形式下发。那么，前面的通知文稿就不用再一一赘述各部门到底领了多少任务回去，直接在附件中列明即可。

2. 关于技术性

常见的是一些通知公告背后的推论过程，领导没必要知道得那么详细，可以作为附件放在后面供参考。比如，我们在起草情况说明等稿件中，有时需要一些法律顾问的建议，而这类建议可能会涉及大量的法理推理过程，从法条援引到实际判断，内容相对复杂，文字过程也十分烦琐。针对此，我们便可以将法律建议作为附件，然后在正文之中直接写上结论就可以了，不必再重复说明这个结论是如何推理出来的。

小贴士

　　当然，这样做的前提是这个结论本身不存在争议性。也就是说，领导的关注焦点并不在于这个法律推理的结果是否正确，这个结果只是文稿主题的一个支撑性或者补充性内容。

3. 关于注释性

这类辅助性的文稿，包括援引的规范性内容、上级的相关文件，以及一些对文稿重要内容的说明材料，这些基本也是没有争议或者讨论空间的既定事实，放上去也仅仅是为了方便一些不了解情况的"读者"参阅，并不影响文稿的目的和主题。如果把这些内容全部塞到正文里，就会显得文稿过于臃肿。

(3.3) 一场实战的历险

上述两节内容介绍了公文写作的目的，以及因为其目的不同而带来的文稿格局的变化。下面，我们通过一件具体事务办理过程中形成的一份份公文材料来直观展现一下不同材料的特点，及它们所带来的影响。

我们所假设的场景如下：

某个单位承接一项业务，是关于统筹推进某某大湾区建设的。经过该单位的不懈努力，在重大改革、重大平台、重大项目等任务中取得了一定的成果。要确保大湾区建设事项顺利推进，必须着手对剩余的产业培育、平台能级、项目招引等工作进行研究处理。但是现在，该单位凭借自身的权责无法破解相关难题，必须向县政府提出问题和建议。为此，分管副县长决定召开会议，帮助其解决上述难题。

3.3.1 从汇报开始：破解难题

在专题会议上，我们先看汇报稿。

案例3.2

关于某某大湾区平台建设的汇报材料

今年以来，××管委会深入贯彻落实省委、省政府关于某某大湾区建设的战略部署精神，聚焦聚力于重点改革、重点平台、重点项目等关键领域，较好地完成了前期既定的目标。现将有关情况汇报如下：

一、主要工作开展情况

（一）重大改革深入推进

深化××改革，制定了××管理，××应用获评××成果。启动了××试点，园区内共有14家机构开展××业务，超额完成年度目标。

（二）重大平台加快建设

一是××平台建设加速推进。××规划编制顺利完成……主导产业招商不断加快，共签约落地亿元以上项目5个……，××全域有机更新高效推进……盘活土地1500亩。二是××平台正式揭牌成立。出台了××方案，××体制机制得到进一步理顺。设立了××基金……三是××平台能级稳步提升。制订了××实施方案，实行××闭环管理，加快××平台的整体提升。完成××产值200亿元……申报第二批省高能级战略平台。

（三）重大项目稳步推进

一是××建设有序推进。××等7个重点产业项目实现投资150亿元，××等9个××产业链项目实现投资120亿元，初步形成以××为龙头的产业集群。二是××项目加快推进。××等项目均已高质量完成××规划编制，××等项目基本完成建设。

二、当前大湾区建设存在的问题

（一）产业培育力度有待加大

总体上，园区内产业集群规模不大、结构不优、新旧动能转换不快等现象突出。××等产业链总体上还处于中低端水平，传统××占比仍然达到68%。

（二）平台能级尚未完全发挥

园区内各大平台建设未能达到预期要求，对产业集群、产业链和龙头企业的带动作用尚未完全发挥。特别是在科技研发、要素配置、业态创新等方面，引领赋能的效果还有待进一步发挥。

（三）标志性项目招引困难多

园区新引进20亿元以上项目3个，比××少10个，新开工20亿元以上项目仅1个，100亿元以上项目尚未实现零的突破，服务业等新兴业态项目较少。同时，在建项目投资完成率较低，投入产出不足。

三、下一步建议举措

下一步，管委会将深入贯彻落实省委、省政府相关战略部署，紧紧围绕××，以××为核心，以××为主抓手，全力推进各项工作开展。同时，建议采取以下三项举措。

（一）强化产业培育措施

一是完善产业政策。建议由市××局牵头，相关部门协同参与，围绕××政策，加快构建××政策体系。二是拓展培育空间。建议××等部门尽快完成×××规划报批稿……三是加快动能转换。建议××等部门围绕现有的×××产业基础，强化指标入统……

（二）加快平台能效提升

一是全力推进重大改革。以××为引领，建议×××等部门加快实施××计划，推动××等企业落地……二是深化要素供给。建议××、××等部门加快探索科创、金融等要素的衔接集聚……三是探索赋能途径。建议××等部门整合现有的×××等资源……提升产业链。

（三）持续开展招大引强

一是突出项目攻坚。深入实施重大项目开工攻坚行动，确保××项目年内建成。二是突出前期谋划。加紧与××、××等项目业主的对接，优化项目前期……三是突出配套完善。建议××等部门加快推进××、××等重要基础设施配套……

上述汇报材料，其主要目的是想解决问题，其次顺带展现

成绩。第一部分旨在展现成绩，说的是汇报单位前期所做的努力和取得的成效；第二部分旨在向上级领导讲述当前遇到的难题；第三部分则针对这些难题向领导提出建议，希望能够通过领导来调动其他部门的力量。在实践中，往往以后面两部分为主，以满足其解决问题的实际需求。

我们可以看到，文稿的第三部分，作为汇报单位是以"建议"的语气提出下一步举措的。因为这些建议背后的事权单位并不受汇报单位管辖，并没有听命的义务。汇报单位的建议是向在场领导提出的，领导采纳建议之后，会要求其他单位按照建议内容行动，从而解决问题。

假设领导采纳了建议，也给各个部门提出了工作要求，那么我们下一步就要起草一份方案，比如关于某某大湾区建设的方案，将我们的建议形成上级意志，连带其他的一些工作一并贯彻实施下去。

3.3.2　从方案继续：组织力量

承接上面的汇报稿，我们在领导指示下撰写了一份工作要点，以明确各个方面的职责，并组织起工作力量。

案例3.3

2022年某某大湾区建设工作要点

根据 ×× 决策部署，为抢抓 ×× 机遇，加快建成某某大湾区，特制定本工作要点。

一、聚焦 ×× 建设，强化产业培育

（一）加快产业政策修订

研究制定 ×× 政策……力争年内出台……（责任单位：××× ）

（二）推进××空间开发

以"××"为抓手，持续推进产业空间治理。（责任单位：×××）

（三）加快产业动能转换

重点推进××、××等产业培育，确保年内实现战略性新兴产业增加值30%。（责任单位：×××）

二、聚焦××创新，提升平台能级

（一）推进××改革创新

以××为引领，推出××、××等新机制，确保××等项目年内落地，形成××增加值200亿元。（责任单位：×××）

（二）深化资源要素供给

围绕××、××等重点任务，进一步集聚资源要素，确保年内落地××、××等××机构。探索××融资新渠道，年内完成××融资100亿元。（责任单位：×××）

（三）拓展平台赋能渠道

推进新一代××建设，整合××、××等资源，打造××创新试验区，引进100亿元项目1个以上。（责任单位：×××）

三、聚焦××招引，夯实项目基础

（一）实施××攻坚

加大××等一批项目的推进力度，确保××等5个项目实现投资额80亿元以上。（责任单位：×××）

（二）实施××战略

坚持××原则，全面推进前期项目……确保在库的10个前期项目开工率达到50%以上。（责任单位：×××）

（三）实施××行动

紧盯××、××、××等重点基础配套项目，确保年内建

成××、××等项目，并实现××、××等项目开工。(责任
单位：×××)

上述工作要点是实施方案的简化版本，省略了诸如工作原
则、任务目标、保障措施等专门的板块，在框架结构上比实施
方案要简单许多。但是，两者的目的其实是一致的，就是组织
起各方力量，投入到共同的工作任务之中。

小贴士

实际上，工作要点或许只是前一场会议上领导讲话
稿的书面化。也就是说，站在汇报单位的角度，为上级领
导撰写讲话稿，以及起草这次的工作要点，目的都是一
样的，就是争取其他单位的支持和配合。

3.3.3 从通知跟进：督促进度

开了会，制发了工作要点，那么下一步就是要督促各项工
作的进度，掌握相关情况。

于是，我们便起草了一份要求各责任单位报送工作进展的
通知。

案例3.4

关于报送某某大湾区建设完成情况的通知

各有关单位：

根据××部署安排，请对照《2022 年某某大湾区建设工作
要点》(××〔2022〕×号)，梳理重点工作任务完成情况，并

于×月×日（星期×）下午下班前通过××报送至××管委会×××处。

这份通知旨在通告情况，告诉各个责任单位：我们现在要梳理总结情况了，请大家注意，在什么时候将什么材料报给谁。

这种通知并没有特别的框架，就是简简单单地按照既定的套路模式将要求叙述清楚即可。

3.3.4 从总结闭环：尘埃落定

如果工作推进顺利，那么到了年底，我们关于这项工作就可以交出一份令人满意的成绩单了。成绩单的载体，自然就是年度工作总结。

案例3.5

2022年某某大湾区建设工作总结

今年以来，××管委会深入贯彻落实省委、省政府关于某某大湾区建设的战略精神，牵头推进四项重点工作，取得了良好成效，现将有关情况汇报如下：

一、主要工作成效

（一）产业培育取得突破（略）

（二）平台能级持续提升（略）

（三）项目攻坚顺利推进（略）

（四）机制改革取得突破（略）

虽然，某某大湾区建设工作在过去一年里取得了显著的成效，但是仍然存在着产业培育步伐不快、平台赋能渠道较少、标志性项目落地不多等问题，需要在下一步工作中予以解决。

二、下一步工作计划

下一步，××管委会将继续按照××部署要求……奋力推进某某大湾区建设。

（一）强平台载体，全力推进××计划

（二）促能级提升，着力加快××工程

（三）抓项目招引，全面开展××建设

（四）重机制创新，深入实施××战略

这一份工作总结与第一份汇报材料相比，在框架上似乎是一样的，但因为两份文稿的写作目的不同，故而呈现出的内容也有所差异。汇报材料以展现成绩为辅，主要还是分析问题和提出建议；工作总结则完全是展现成绩，问题部分一笔带过，对于下一步的计划也不需要再提出什么建议供领导采纳，而是直接陈述自身的观点、计划。

小贴士

各位读者可以思考：如果要写一份关于某某大湾区建设的经验信息，该如何谋篇布局呢？

语言篇

第 4 章

公文语言的风格特点

公文语言的风格特点是什么？很多教科书会告诉你诸多理论方面的知识要点。部分读者虽然接触过、读过这类教科书，但是在具体实践的时候，却不能完全理解公文语言的这些风格特点在实践中的明确要求，也不知道如何规避语言运用中不该出现的问题。这就是典型的"脑子学会了手却不会"。

本章将从常见规范角度，分析如何理解公文写作的语言风格，以及如何在实践中尽可能地避免出现不合规的语言问题。

4.1 庄重规范：口语化是大忌

初学公文写作者最容易犯的错误，就是语言文字口语化，写出来的东西就像说出来的大白话，而不像落在白纸上的文字，更配不上红色的文头了。

> **小贴士**
>
> 日常交流用的口语与公文写作的语言，就如同白话文和文言文。虽然古人在日常会话交流中使用的是相对易懂的"大白话"，但在正式（官方）场合，使用的则是正儿八经的文言文。

4.1.1 剖析原因：是语感不足，还是表达能力欠缺

在大多数场合下，口语化问题并不影响公文想要表达的内容，一般也不会引发受众对于文稿内容的误解。但是，口语问题之所以是"大忌"，是因为这个问题影响的是文稿给外人的第一印象。如果是在一些重要场合，口语化严重的文稿会影响

整个部门或者单位的形象，甚至原本较为严肃和重要的主题事务，在无形中被弱化，降低了文稿的预期效果。当然，对于起草者个人而言，口语化问题几乎是"赤裸裸"地对外展示：我不擅长写材料，求领导下次别让我写了。

比如，我们向上级递交请示，本是相对严肃的事情，但如果请示中存在大量的口语化表达，那么上级领导很可能会觉得我们不重视这件事，或者对领导本身"不够尊重"。

小贴士

当然，该上级领导通过这份请示也会判断出我们这个单位"文字能力一般"。因为我们把一件原本重要的事情表达得如此"不堪"，自然不会是主观层面不重视，而是客观层面能力有限。

初学公文写作者常犯口语化的错误，主要有两方面原因：一方面是觉得自己这样写并没有错，始终没有察觉自己的问题在哪里；另一方面是知道这样表述不妥当，但想不出更妥当的说法，只好如此将就。

究其根本，前者是语感上的问题，相当于出了错还不自知；后者则是能力上的问题，相当于知道错了但没有好的办法去改正。两者在结果上自然是一样的，对于初学公文写作者来说，首先要能够察觉出口语化的问题，然后再掌握避免口语化的方法。

在公文写作过程中，我们时不时地要在大脑中"斟酌""推敲""加工"，将文稿所要表达的内容组织成精练、简洁的书面语言。毕竟，很多场合下的公文口语并不会造成"语义歧义""表达模糊"或者"语言粗俗"等问题，而仅仅是让特定的"读者"觉得文稿层次低、水平差或者撰稿者能力不足。因为大部分公文材料只是在内部运转，很多情况下并不会对外造成负面影响。

小贴士

更何况，对外发布的正式公文，领导相对更加重视，这些公文往往要经历层层把关，一般也不容易出现严重的"口语化"问题。

语感不足，意味着公文材料"读得少""写得少""改得少"，在经验上还欠缺一些积累，落到笔下便成了内心想法最直白的表达，从而为口语化问题的发生提供了可能性。

能力不足，意味着公文遣词造句还需要进一步磨炼。特别是对一些常用的词汇和语句，要学会将其包装成带有"公文味道"的词句。

在日常写作时，口语化问题的表现多种多样，很难做出统一的概括。本书仅仅梳理一部分常见的表现，来做一些提示或者启发。

4.1.2　常见的口语化问题

常见的口语化问题，主要表现在以下几个方面。

1. 离不开的主语

许多初学者在撰稿时，常常会加入一些不必要的主观立场，非得要表明"我"在文稿中的定位。一旦有了"我"的存在，"口语化"问题就有了可乘之机。

比如，我们在汇报一件特定的事情时，会反复强调"经我们研究""经我单位调查""我局认为""我们工作小组发现"等语句，用来表明自我的存在。但实际上，将其更改为"经研究""经调查""××后认为""在××中发现"等，不但不会影响文稿意图的传达，甚至还能更加精准明确地表达汇报者的立场。

我们来看以下案例：

案例4.1

对此，××合作方提出增加合作经费 50 万元的要求。经我局研究后，我们认为该经费支出尚缺乏足够的 ×× 等条件……

上述语句本身并没有太大问题，也没有给"读者"造成任何歧义，甚至不存在语义模糊等方面的不足。但是，因为其中不厌其烦地表达"我局""我们"，所以仍然有着一丝"大白话"的气息。如果我们稍加调整，便可以更好地避免"口语化"问题：

对此，××合作方提出增加合作经费 50 万元的要求。经研究认为，该经费支出尚缺乏足够的 ×× 等条件……

你看，这样的调整并不需要特别高明的技巧，也没有很深奥的理论，只不过是将"我"这个角色从文稿中"摘出去"，就完成了"去口语化"的关键一步。实际上，绝大部分公文的立场是某个单位的集体立场，而不是撰写者本人，或者某个撰写小组的立场。公文材料本身就已经预设了前提立场，任何内容的表述，均默认为是"我们""我单位""我们这个集体"等的一致观点，不需要再多此一举来重申或者强调"我"。

正如前文所述，实践中"我"的出现并不是大问题，"读者"并不在乎多几个"我们"这样的词汇。这类词语频繁出现，往往意味着撰稿人还没有意识到撰稿的立场在哪里，还在无谓地

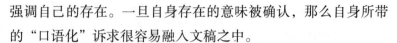

强调自己的存在。一旦自身存在的意味被确认，那么自身所带的"口语化"诉求很容易融入文稿之中。

2. 抒情化的语言

绝大多数公文材料，其语言必是冷冰冰的，突出强调的是客观中立的理性立场。公文天然地排斥一切带有感情色彩的语言，排斥个人好恶，体现在文稿中，自然便无法容忍任何情绪化表达。一旦涉及这类带有抒情性质的语言问题，口语化现象便随之而来。

实践中，公文写作者一般很少会犯明显的抒情化错误。因为一般"笔杆子"很容易感受到这种语言与公文本身的使用场合或者特色格格不入，自然也会做出相应的回避或者处理。

现实中容易出现的"抒情化"问题是相对隐蔽的，没那么容易被发现。我们来看看下面的案例：

案例4.2

为了确保××活动的顺利推进，××中心的几位工作人员做出了巨大的牺牲和贡献。在那段时间里，他们连续奋战、昼夜不息，放弃了休息，放弃了家庭。他们的付出，保障了活动的顺利进行；他们的忍耐，成就了活动的完美效果；他们的坚韧，展现了××的伟大形象……

这一段为了表达工作人员的辛勤付出，运用排比式抒情语句来营造艰辛投入的背景，仿佛有一种特别的"邀功"需求。这段话放在一些特殊场合下，可以起到调节气氛的作用。同时，也有很多听惯了这种抒情语句的读者，一下子很难分辨这种表达是否合适。

其实，与正式的书面公文材料相比较，这段话可以更加简洁：

为确保××活动顺利推进，××中心五位同志主动放弃休息时间，加班加点，通过不懈努力，最终实现了××××的良好成效。

这两种不同的表述方法可以用在不同的场合，但除非是领导发言这样的场合，一般都会采用第二种表述方式。因为在大部分情况下，过多使用抒情化的语言，无助于准确表达事情的艰辛困难，反而会冲淡文稿的主题，导致文稿结构失衡，"得不偿失"。

反言之，口语化表述虽是大忌，但对于部分稿件来说，或许一定程度上的口语化还更有助于表达和论述文稿的中心思想。比如，在写某人的先进事迹时，我们或许可以运用前文案例中的抒情化词语，使"读者"更好地体会"主人公"的闪光之处。又比如，在某些不那么正式的场合，或许用一些更加感情化的表达，有助于拉近与"读者"之间的距离。

小贴士

　　一些面向普通"读者"的文稿，比如通讯稿等，适当运用抒情化的词句可以提高文稿本身的吸引力，有助于发挥出文稿预期的效果。另外，像部分领导的讲话稿，也可以充分尊重领导的表达习惯，在其中穿插一些口语化的用词，使文稿脱去一些"八股文"气息，更加生活化。当然，这类文稿很少见，写作要求也高，只有熟练掌握"文言文"与"白话文"切换技巧的"高手"，才有机会接触这种"高阶任务"。

3. 滥用俚语俗语

这类语言本是日常生活中口语交流的组成部分，有鲜明的生活气息，可以说十分亲切生动，但是应用到公文写作中，往往不见得能取得这样的成效，相反却容易消减公文本身的严肃意味，解构了公文的严肃性和权威性。

与前文关于抒情化表达的意义相同，这种错误并不会以特别明显的形式出现，毕竟一般人也不会在公文中插入诸如歇后语、地方方言、俚语粗话等内容，不太可能会犯这种太过明显的错误。

因此，我们需要关注的仍然是那些较为隐蔽的错误，那些潜藏的口语化问题，进而从中提升自身对这类文字的敏感性。

下面仍以具体的实例来说明问题：

案例4.3

目前，对×××等问题及其根源的理解和认识，我们仍然处于"瞎子摸象"的阶段，所采取的××等举措，与原来对×××的处置力度也是"半斤八两"。

这段话里的"瞎子摸象"和"半斤八两"，放在讲话稿里其实并没有错，但如果具体到以书面形式呈现的公文材料中，我们还是倾向于改写为：

目前，对×××等问题及其根源的理解和认识，还不够全面准确。所采取的××等举措，也基本上参照了×××等处置工作的力度。

由此可见，俗语与俚语乱入的原因，主要是写作者对一些高频率用词缺少口语与书面语转换的敏感性。也就是说，一些

用词在我们日常交流对话中，甚至是一些会场上向领导汇报的
场合出现，并不会显得突兀，但是一旦成为正式的书面稿，便
显得"浑身不自在"。这种不明显的口语化差异很容易避开我们
"脑子里"对公文用词的审查机制。

　　这种差异化的背后，是常见词汇在口语与书面语之间的细
微区别，需要经历长时间的训练和经验积累才能做出准确的
判断。

4.1.3　什么时候需要口语呢

　　虽然口语化是绝大部分公文材料的大忌，但对一些特定类
型的文稿而言，口语化是不可或缺的"调味剂"。因为这部分材
料的语言表达不需要太过于板正严肃，可以体现一些生动性和
趣味性，这也为口语化的存在提供了空间。

　　比如，本章前文提及的通讯稿，因为要照顾读者的阅读习
惯和风格诉求，文风不能太过于"一板一眼"，而是需要更加生
动灵活一些。为此，口语化的表达自然也是必要的。

　　另外，除了通讯稿，在领导讲话稿中也可以穿插一部分
口语，使领导讲话更加生动，不至于给人一种"纯念稿"的
印象。

　　当然，在领导讲话稿中穿插这类口语化内容的时候，需要
掌握适度的原则，不能过于泛滥，不然容易给听众以油嘴滑舌
的感觉。其实，很多场合下的领导讲话是"读稿"与"自由发
挥"相结合的。当领导读到某个部分的时候，或许会自由发挥
一下，脱离原稿"多讲几句"，而这里的"多讲几句"便是口语
化的补充了，不需要在文稿的"读稿"阶段再重复增加口语化
的表述。

比如，我们举一个常见的领导发言案例：

案例4.4

要进一步优化营商环境，加大对破坏营商环境行为的督查追责力度，特别是对一些……的情况，要严肃问责（**读稿部分**）。近段时间以来，有很多企业家朋友跟我反映……（**自由发挥部分**）

各地和各单位习惯不同，有些秘书在事后做讲话记录的时候，会将领导自由发挥的部分如实记下，而有些秘书则会做出删减和处理。当讲话记录被整理好并分发的时候，如果其中有自由发挥的内容，会显得更加贴切自然。

4.1.4　解决口语化问题的方法

上述案例并不能涵盖这个问题的全部表现，甚至算作"冰山一角"都很勉强。因为这个现象时不时地出现，在很多时候会突然冒出来，令人猝不及防。其中，有些可能无伤大雅，有些可能"暴露水平"，程度各不相同。但总而言之，在日常中做一些训练，有助于提升对口语化问题的敏感度，或者提高自身对口语和书面语表达的切换能力。总而言之，这种训练也不外乎多看、多想、多练习。

所谓"多看"，就是寻找一些质量较高的公文文稿，尝试着去阅读，去理解每句话的口语意义。也就是说，想象我们正在拿这件事做口头说明，应如何使用口语词汇，应如何使表达更加灵活。这种反向的思维训练和文字感受，有助于提升我们对口语化问题的敏感度和理解力。

小贴士

　　尽量不找领导发言稿之类的材料，因为这类稿件为了照顾相应的场合，容易加入一些口语化的表达。这是"高阶"笔杆子得心应手的技能，但对初学者而言，并不容易理解其中的区别。

　　所谓"多想"，就是要经常性地思考并运用一些常见的书面语。这些词句并不是各类公众号上常见的百搭标题或者相关的什么套路，而是在我们需要表达一层意思的时候，能够为脑袋里闪现过的口语词汇及时找到的对应的书面语用法。

　　所谓"多练习"，就是通过不断练习来培养语感。最合适的办法，也是笔者曾经最常用的办法，就是"改重"。可以将我们日常说的话，在意思不变的前提下，更改为公文材料的书面语，通过这样的文字游戏来培养自己的表达能力。

4.2　严谨准确：要注意言辞举止

　　公文材料本身具有权威性和严肃性，不可胡言乱语。无论是内部行文，还是对外公告，在用词上都需要严谨精准。两者相比而言，对外的文稿在用词上更要考究，因为这类材料直接对外展示，承载了公权力的形象和信用。

4.2.1　精确性并非细心就行

　　我们在用词方面追求精准，主要目的是准确表达，避免不必要的麻烦。特别是一些需要对外公告的内容，如果在关键用词上出现错误，且引起社会公众的误解，后果严重程度可大可小。即使是内部的行文材料，同样也讲求语言的精准性，以免造成不必要的麻烦。

在实践中，很多错误的背后是粗心大意造成的疏漏。针对这个问题，除了要求写作者更加细心认真之外，没有太好的技术处理方式。本节主要讲述的注意要点，并非仅仅是粗心的问题，而是有更为复杂的原因。

案例4.5

对照国家近期出台的二手车优惠政策，我局主动出击，积极对接省厅相关处室，并第一时间发动××、××等汽车流通行业龙头企业，顺利申请了试点资质。×月×日，首批试点政策正式落地。下一步，建议相关部门对政策补助事宜的落地，按照要求尽快拟定具体申报文件，明确申报要求，以促进该试点政策长期可持续推进。

这段话的内容看似简单，但读完却让人云里雾里。这主要是具体表述不精确所导致的。按照这段话的背景，我们稍加调查研究，改写成如下内容：

对照国家×月×日出台的二手车出口试点政策，我局主动出击，积极对接省厅相关处室，第一时间通知并发动××、××等汽车流通行业龙头企业申报，并成功为3家企业争取到试点资质。×月×日，3家企业共150辆二手车顺利"走出国门"，标志着我市二手车试点正式落地。为推动该试点在我市长期可持续推进，建议市财政局、市商务局、市海关等部门加快研究协调，于×月×日之前确定试点补助政策的具体申报事宜，并明确申报要求，确保补贴条款的有效实施。

改写后的这段话，内容明显更加丰富，表述也更加精确。但实际上，这种精确与否，并非文字起草方面的问题，而更多的是对信息的掌握和理解问题。不精准，实际上意味着对工作内容了解不全面、不深入。

进一步深究，可以分为三种原因：不专业、不清晰、不深入。

4.2.2　三个方面的原因剖析

我们围绕"不专业、不清晰、不深入"这三种原因来分析问题。

1. 不专业

要做到精确，在专业层面的术语和表达就必须到位。如今各条线上的工作性质和工作内容都已经高度专业化，或者在专业化的道路上快速前进。但实际上，也有很多负责撰稿的"笔杆子"，本身并不接触一线工作环境，也不一定是相关专业出身，所以有可能会在专业术语和专业表达方面出错。特别是在一些政策性和技术性比较强的内容上，需要我们特别注意具体表述的专业性。这些内容看上去仿佛表述得十分细致，但实际上却很容易引发误解，甚至导致文稿出现"南辕北辙"的情形。

2. 不清晰

语义层面的模糊和歧义自然需要排除。在文稿中，我们有时候会因为把握不准观点和内容是否精确，也没有时间去各方求证，而直接予以模糊处理，进而导致"读者"对文稿所要表达的意义产生重大误解。这种现象常见于各类通知或者方案，因为这类稿件常常需要发出相应的指令，组织和调动各方面力量

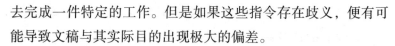

去完成一件特定的工作。但是如果这些指令存在歧义，便有可能导致文稿与其实际目的出现极大的偏差。

3. 不深入

文字有助于更好地挖掘内容的含义。优秀的"笔杆子"对其所撰写稿件的理解和认识，往往会高于稿件本身的呈现水平。比如说，一份材料对于某件事物的表述可能仅仅是深挖到 70分，而"笔杆子"能撰写深度达到 80 分的稿件，同时其心中对这件事的理解会有 90 分。换言之，我们可以"藏拙"，但不可以呈现不懂的内容。

针对上述三个方面的原因，有志于学习公文写作的读者要明白一个道理，那就是公文写作的水平，往往需要在写作这件事情之外去培养。我们不是为了写材料而写材料，而是要对稿件的目标、对所要阐述的内容、对素材的真实含义，有学习、有认识、有理解、有想法，这样才能完成精确而高水平的公文写作。

在现实中，我们也会看到很多文字岗位的新人，对待文稿以及文稿中的内容不肯深入了解。他们只是把业务线上反馈过来的材料加以汇总，甚至简单地"复制粘贴"，就算完成任务了。这种敷衍了事的心态，很容易搞出一份不精准的文字材料。而且，文稿所描述的内容专业性越强，其不精准的问题也就会越突出。

4.2.3 模糊语言：是否一定影响精确呢

我们不可能在每份材料的每个地方都做到十分精确，因为材料中不可避免地会出现一些动态性的、不可精确描述的内容，不得不采用模糊语言去处理。

常见的有：加大 ×× 工作力度、强化 ×× 保障、加快推进 ××、×× 项目有序进行、近期将安排 ×× 活动等。这类表述既不能量化，也无法具体到细节。

具体而言，包括以下三种情形：

一是具体时空难以判断的。在撰写材料的时候，我们所指代的时空还不能完全精确到我们需要的范围，所以只好用相对模糊的语言来处理。比如，近期、下周、×× 以东区域等。因为客观上暂时无法明确，所以只能模糊处理。

二是动态过程难以计量的。我们所描述的事物，可能始终处于动态变化之中，无法用语言来精准计量。比如，我们常用"不断加快""顺利推进""进度缓慢"等相对模糊的字眼来描述一些"日新月异"的工作，以避免这些材料内容因为与工作情况不匹配而出现过时的问题。

三是复杂系统难以独立的。如果某项工作是成系统的，且系统内每个组成部分的进展各不相同，无法用简单的一句话讲清楚，便只好用模糊的语句来应对。比如，"城区道路网系统逐步完善。"这里的"逐步完善"就是模糊用语，因为我们无法在一句简单的话里面描述出这个系统内每一条道路的进展情况。

此类模糊语言本身并不影响公文表达的精确性，反而极大地简化了言辞，并体现出了事务的变化趋势。因此，切不可因为对精确的追求，而将这类模糊语言拒之门外，否则容易出现"聪明反被聪明误"的问题。

4.2.4　标点符号也不能马虎

汉语中的标点符号很多，但是除了某些专业性的表述之外，我们平时在公文写作中用到的标点符号其实主要只有四种，即逗号、句号、分号、冒号。正确使用标点符号，也是公文写作精准性所要求的标准之一。

小贴士

如果在写稿的时候突然用到了感叹号或者问号，那就意味着文字内容要再斟酌一下。实际上，这两个标点符号的登场，往往意味着文稿中有口语化表达。

案例4.6

在某工作方案中，针对下一步工作提出了三点要求，三点要求的标题分别为：

一是理清责任、形成合力。

二是优化管理，提升效能。

三是堵疏并举；强化治理。

这三个标题十分工整，或许也符合这项工作开展的要求，但是在标点符号的选择上却显得随心所欲。在标题内容中，前面四个字是重点做法，后面四个字是目标或者结果。在这层关系下，应当使用逗号，故而第一个标题的顿号和第三个标题的分号都不是正确的选择。

④.3 朴实简明：并非越简单越好

从理论上讲，朴实无华是公文语言的内在特征，所谓"不追求标新立异、不追求对仗工整、不追求辞藻华丽"。

从理论上讲，简明扼要也是公文语言的内在特征，所谓"能用单句就不用复句，能一句话说清楚就不用两句话"。

但时至今日，一篇公文材料的语言特点，早已经不是单靠简单的理论就可以引导和概括的。越到基层，文风越追求"工整而华丽"。同时，很多人为了"凑字数"也好，为了"水成绩"也好，为了"对仗美"也好，不惜以牺牲内容为代价，去追求形式上的"漂亮"。

这种风气自然是不提倡的，但如果我们身在基层，对这种事情也要辩证看待，在该"卷"起来的时候，还是不能犹豫。

4.3.1　朴实与华丽的辩证关系

朴实简明是公文语言风格天然的追求，也代表了公权力严谨规范而又谦抑的形象。

在很多场合下，如果我们不追求华丽的新词、不追求工整的标题、不追求对仗的辞藻，那么我们会省去很多麻烦，节约很多时间，大大提高工作效率。但同时，我们的文稿也很可能过不了领导这一关，被判定为"不用心""水平低"。

如何确定一篇文稿应该是坚持朴实的原则，还是朝着华丽的方向去，主要还是看目的。或者说，华丽、工整、新颖的辞藻，如果有助于达到目的，或者可以取得其他效果，那么领导会毫不犹豫地要求我们增加"华丽值"。

比如，我们要写一篇信息稿报给上级展现成绩，如果想从一堆大同小异的信息中脱颖而出，那么就必须要有相应的技术处理，让稿件更吸引眼球。

比如，我们要为领导写一篇发言稿，用在某个重要会议上。虽然这篇文稿的目的可能是解决问题或者其他方面，但如果有机会凭借"漂亮的文字"得到意料之外的好评，那我们肯定也会毫不犹豫地选择往华丽的方向狂奔。

但反过来说，如果这份稿件并不适合华丽的风格，或者说华丽的风格反而有负面作用，那么就要坚持朴实简明的立场。

比如，我们要面向社会发布一份公告，且这份公告备受社会各界关注，很多人等着对公告内容咬文嚼字。在这种情况下，自然越谨慎越好，文字内容越少越安全，不宜加入太多的修辞。

又比如，一些专业性极强的文书，如果掺杂过多的华丽辞藻，不但损害文书的专业性，甚至可能带来理解上的争议或者其他不必要的麻烦，那自然也是简简单单的风格最合适。这类最常见的是各种法律文书。

因此，对于朴实与华丽的取舍，并不在于理论怎么教导我们，而在于这份文稿的目的和意义在哪里。

4.3.2 两种风格的转换

要写一段朴实的话其实很简单，将一些没有实际指向性意义的内容删去，保持文稿的实用性，使其仍然可以达到相应的目的就好。

也就是说，无论华丽风格还是简明风格，我们写材料始终还是要围绕着目的。

如果文稿达到目的需要"走华丽风"，那么我们自然要搜肠刮肚、绞尽脑汁，采用最好的修辞。当文稿的目的发生变化，需要回归朴实平凡的时候，我们又要明确新的目的是什么，按照新的目的重新组织语言。

各位读者可以在本书第 2 章的案例 2.1 和案例 2.2 之中，感受因为篇幅限制的原因而形成的文风的不同特点。

在实务中，我们最头疼的事情其实是将朴实的内容用华丽的文章表达出来。至于如何完成这样的转化，本书第 6 章和第 7 章会提供一些经验、方法和技巧。

4.3.3　真正要避免的是重复与冗余

前文所阐述的辩证关系，旨在说明朴实不一定就好，华丽不一定就差，只不过两者用于不同场合，满足不同目的罢了。

但是在实践中，在朴实与华丽之间显得"百害而无一利"的，其实是重复与冗余的问题，也就是我们常说的"废话太多"。这种"废话"既破坏了朴实之美，同时又体现不出华丽的一面，无论从哪种风格角度评判，都不具备相应的价值。

小贴士

就算是站在"凑字数"的角度，过多的重复冗余也不是正确的选择。

案例4.7

根据上级关于××工作方面的文件精神，我街道针对近期××社区的××形势，进行了深入的走访调查和研究分析，认为采取××举措，是当前开展××工作的必由之路。下一步，建议参照相关文件的规定条款，启动××程序，推动××工作进入新的阶段。

这段话确实存在一定的"水字数"嫌疑，既破坏了朴实性，又体现不出丝毫的华丽感。我们按照朴实的原则加以改写之后，形成这么一段话：

根据××文件精神，××街道通过走访调查等手段，深入分析了××社区××工作形势。经研究，认为采取××举措具有必要性。下一步，建议按规定启动××程序，确保××工作有序进行。

第 5 章

公文语言的遣词造句

5.1 完成时态的表述特点

与英语不同，汉语不通过动词的变格来表示时态的变化，需要我们在表述上加以斟酌以示区分。公文材料中，最常见的诸如工作总结、新闻信息、情况报告等文体，总是在叙述文稿主体在过去一段时间做了什么，而且绝大部分情况是在"邀功"，需要表达出"完成时态"的意义。因此，完成时态在公文语言中相对常见，需要我们在遣词造句时熟练掌握和运用。

5.1.1 容易被忽略

完成时态虽然在理论上显得"名正言顺"，但是在实践中却常常被忽略。即便是运用在一些重要场合，甚至是类似政府工作报告这样重要性"完全拉满"的文稿之中，完成时态的问题也容易被忽略。

比如，全力推进 ×× 工程。单单从这句话的表述上看，似乎表达的是"将来时态"，也就是说：我们在今后的工作中要"全力推进 ×× 工程"。但是在实践中，这句话也往往出现在"现在进行时"，甚至"完成时态"之中。比如，在总结去年一年工作情况时，通常会将"全力推进 ×× 工程"作为标题使用。

> **小贴士**
>
> 比如本书展现的一些案例，也会存在这种"时态不清晰"的问题。因为本书案例均基于真实工作事例，故对此不加以更改，特此说明，供各位读者明鉴。

当然，在很多时候，我们会通过上下文的"补全"，或者通

过完善整体语句表述来概括某特定语句的时态，从而避免单句
对于时态的模糊。

就如同上文的例子那样，我们可以将其"补全"成这么一
句话：

"过去一年来，我们全力推进 × × 工程。"

"过去一年来"这几个字，明确了时态背景，使我们不至于
对时态产生误解。又或者说，即使没有这几个字，只要大框架
是关于"过去部分的总结"，那么这句话怎么写都无伤大雅。

然而，当这些背景变得模糊，缺乏精确指向之时，模糊的
语句便显得捉摸不定，容易令人感到困惑，甚至产生歧义。因
此，我们可以尽可能地消除这些歧义，在语句的时态表述上多
加斟酌，避免出现误差。

5.1.2　作用不可忽视

我们前面已经介绍过，公文写作的四大目的之一是展现成
绩。完成时态本身的意义，就是表现某项工作已经做完了。

做完了那自然便是一项"成绩"，无论成绩大小，都不太适
合被"捂着掖着"，要想尽办法去"展现"。因为"展现成绩"本
身就是公文写作的目的之一。

所以，我们讲究完成时态的作用，主要也是为了更好地
达到文稿的目的，即更清晰准确地表达出某项工作已经顺利
完成。

当然，完成时态常被用于展现成绩，但并不意味着它仅仅
是用于这一目的。在所有表达已经做完了某件事的场合之下，
都需要注意时态问题。特别是在一些板块结构混杂的稿件中，
单靠一两句话有时候看不出是"下一步要这么做"，还是"目前

已经这么做了"。

在这样的情景之下，更需要用完成时态来帮助我们对两者进行区分。

我们可以看以下一则案例：

案例5.1

某科研实验室撰写年度工作总结，其中关于团队培育的内容如下：

（三）聚焦科研团队引育，加快集聚人才要素。坚持引育结合，打造高层次、专业型的人才储备队伍。一是全面加大人才引进力度。引进××、××、××等××位在相关领域拥有杰出成就的专家导师，与××、××等高校130余名科研人员达成"双聘"意向。二是提高科研人才培养能力。纳入省××清单，解决硕博招生培养的问题。挂牌设立省级博士后工作站，引进博士后×名，打通人才培养和后续人才招引的路径。三是逐步完善人才保障机制。按照政治上激励、工作上支持、待遇上保障的要求，制定"一人一策"引进方案，全方位落实好科研条件和日常生活等保障，解决"后顾之忧"。

看上去，每一个小标题，诸如"全面加大人才引进力度""提高科研人才培养能力""逐步完善人才保障机制"等表述，都仿佛是在阐述"我们明年应该怎么干"，而不是在总结"过去一年我们干了什么"。但是从语句内容上看，又仿佛是在介绍过去所完成的"引进××专家导师""纳入省××清单""落实好科研条件和日常生活等保障"等事情。看完之后有一种"时态混乱"的感受。

上述案例告诉我们"时态问题"具有两面性。

一方面，这个问题确实存在。上述案例是真实事例，而这种现象在实践中也比比皆是。在单一片段的文字中，确确实实存在着这样的模糊性问题，并且造成了一定的误解。

另一方面，这个问题也没什么大不了。因为这一段落会"坐落于"上一级框架之下，而上一级框架就会告诉我们，这一段落到底是讲"过去做成的事"，还是讲"今后要做的事"。比如，这一段是在"前一阶段工作完成情况"这个大标题下面的，自然就是讲过去的成绩，是天然的"完成时态"；这一段是在"下一步工作打算"这个大标题下面的，自然就是讲今后的计划，是天然的"将来时态"。

但如果我们秉持"精益求精"的"笔杆子"精神，就需要更精细地处理上述的时态问题。于是，为体现出语句的"完成时态"属性，上述这段话便可以改写为：

（三）聚焦科研团队引育，人才要素加快集聚。坚持引育结合，打造高层次、专业型的人才储备队伍。一是人才引进力度全面加大。全职引进了××、××、××等35位在相关领域拥有杰出成就的专家导师，并与××、××等高校共130余名科研人员达成"双聘"意向。二是人才培养能力得到提升。成功纳入省××清单，解决了硕博招生培养的问题。挂牌设立了省级博士后工作站，并引进了博士后5名，打通了人才培养和后续人才招引的路径。三是人才保障机制逐步完善。按照政治上激励、工作上支持、待遇上保障的要求，制订了"一人一策"引进方案，全方位落实好科研条件和日常生活等保障，解决"后顾之忧"。

上述案例的改写过程，其实已经展现了多种不同的时态处

理方式，有相对简单的，也有较为复杂的。下面，我们将介绍
时态处理手段上的"简繁之辩"，并从中展示时态处理的技巧。

5.1.3 简繁之辩

标注某项事情是"已经做成功了的"，还是"下一步要做好
的"，我们有"从简单到烦琐"的一系列方法。

1."了"字诀

从最简单的角度看，一个"了"字便足够涵盖所有的完成
时态。

比如，"全力推进了××工程"，加一个"了"字，便指出
了正确的语态特点。在其他环境或者状态下，也可以同样操作。
类似于"完成了某某任务""实现了某某目标"等，都可以简明
而清晰地表达出时态特点。

小贴士

有些领导对于部分"字眼"会有一种天然的抵触心理，
认为这些字的过多使用会影响文稿的水平和格调。比如，
有人讨厌"了"字，觉得太过口语化；有人讨厌"要"字，
觉得过于低级。在日常工作磨合中，我们要慢慢习惯和适
应领导的不同偏好。

2.语序调整

如果感觉"了"字太过简单，那么在撰写文稿的时候，可以
巧妙地更换一下前后语序，达到时态区分效果。

比如：推进××工程建设，完善××服务体系。

这句话我们可以将其置于两种不同的语境下理解：

如果我们表达的是下一步要做这件事，那么这句话便可以写成：加快推进 ×× 工程建设，进一步完善 ×× 服务体系。

如果我们表达的是已经做过这件事了，那么这句话便可以写成：×× 工程不断加快，×× 服务体系进一步完善。

这样两种不同的表达模式，就可以简单地区分出语句不同的含义。

3. "从简到繁"

一些词语本身会表达出具有时态感的含义，比如按时完成某某任务、如期建成某某项目、顺利实现某某目标等。

当然，我们还可以抓住"完成时态"自带的"邀功"属性，运用更多的状语来巧妙表达我们为了完成这件事情所投入的努力、所展现的能力、所经历的艰难等，在有限的文字空间表达出更多的含义。

比如，在表达"完成某项工作"之前，介绍主体展现了什么样的精神，克服了如何多的困难等，使工作完成的过程更加清晰，进而从侧面证明我们所表述的事情已经完成。我们可以从下面的例子中品味一个简单的"完成时态"如何走上"从简到繁"的进化之路。

某单位要在工作总结中表达自己"完成了 ×× 改革的任务，建立了一套工作机制"，一般需要把所做的事写出来，展现这项工作取得的成绩。但是在不同场合之下，从"简单"到"烦琐"可以有许多种表述，其中最简单的表述如下：

顺利完成了 ×× 改革。

或者：

×× 改革顺利完成，×× 机制成功建立。

这种简略的表达方式一般会用在上级的汇总总结之中。比如，该县的政府工作报告可能会就这件事"提一嘴"。而既然是"提一嘴"，那自然没有办法用太多的笔墨来刻画，只能以寥寥几个字来表达，最终呈现的结果也就是这个"最简版"的样式。

如果要在这个基础上更进一步，则可以在"前面"或者"后面"增添一部分新的内容。比如，我们可以在前面加一些内容，写成：

按照省××的统一部署，积极承接了上级试点任务，顺利完成了××改革，××机制成功建立。

前面的半句话，可以概括出这项工作的背景，衬托出工作的重要性。换言之，就是说："我们做的这件事，是上面很关注的，而且我们还做成了！"

或者，我们还可以在后面加一些内容，写成：

××改革顺利完成，××机制成功建立，率全省之先开创了××新局面，实现了群众×××的服务体系。

后面的半句话，主要是凸显这件事做成之后的重要意义，衬托出工作的价值。换言之，就是说"我们做的这件事，取得了很大的成效，实在是价值不可估量"。

前后两个部分叠加起来，便得到了以下更富有信息量的语句：

按照省××的统一部署，积极承接了上级试点任务，顺利完成了××改革，××机制成功建立，率全省之先开创了××新局面，实现了群众×××的服务体系。

这句话一般可用于单位自己的工作总结，具有一定的份量，可以较好地展现出"完成一件事情"所带来的成就感和充实感。

我们还可以再进一步，将做成这件事情背后的艰辛与付出用公文语言表述出来，承载起更多的含义：

今年以来，面对 ×× 试点任务，敢于创新、迎难而上，先后克服了 ××、××、×× 等困难，积极创新了 ××、××、×× 等方法，取得了 ×× 的成效，顺利完成了 ×× 改革任务，成功打造了 ×× 机制，率全省之先开创了 ×× 新局面，实现了群众 ××× 的服务体系。

上述这段话，可以说非常"饱满"而且生动。如果再稍加修饰，并且在文字上再多添加一点，甚至可以引领出一篇主题突出的经验类信息。

另外，在某些贴近这项主题的场合或者背景之下，我们可以投入更多的笔墨来突出说明这件事情已经完成了。

比如，局领导参加一场关于 ×× 改革的经验交流发布会，会议的主题便是讲述这项任务背后的风雨历程。那么我们便可以用这段话作为开头，引出下面更加具体的一些经验做法或者心得启示等，将"展现成绩"的作用拉到最满。

由此可见，完成时态的表述到底是"简单"还是"繁杂"，需要根据具体情况来确定，不能简单处理。但总体而言，一定要遵循"关联度越大，越烦琐"的原则，反之亦然。

我们从前文的案例中也能明显发现这样的规律。

如果我们要描述的完成情况，在文稿主题之中并没有太过突出的位置，那么便不需要过多地"添油加醋"，甚至一句话足矣。

如果我们要描述的完成情况是文稿的主题思想，也是眼下这个场合的核心内容，那就可以花费更多笔墨在其中，甚至可以将这几句话扩充为洋洋洒洒的一大段文字。

上文中关于改革成果的案例，如果是当地为了起草政府工作报告，向各部门收集工作总结，那这件事往往会被表述得很"饱满"。但是在政府工作报告中，考虑到整体篇幅的平衡，通常会将这件事缩减为最简单的一句话。这只是双方撰稿的立场，以及因为立场而对这件事产生的不同理解，从而造成了"简繁之分"。

总而言之，对于完成时态，我们在文字表述上需要更加精准，从而避免或消除不必要的误会。更重要的是，我们还需要把握好"简繁之分"，注意文稿使用的场合，以及描述对象在这个场合之下的地位，确定好应该是大肆吹捧一番，还是简单一笔带过。

5.2 因果关系的表述特点

因果关系也是公文材料中比较常见的逻辑关系，适用于各种各类材料，其主要目的是解释原因、说明情况或者归结责任。

5.2.1 因果关系的作用

很多日常文稿需要表达一定的因果关系，从而建立起文稿整体的逻辑性。

从最基本的角度看，不管是解释过去做了什么、为什么这么做，还是分析现在遇到了什么困难、困难背后的原因是什么，亦或是将来我们需要做什么、为什么要这么做，这些逻辑关系的背后，都需要解释我们的初衷和动因。

一件事情做成了，同样要说明这件事是怎么做成的，是依靠什么样的客观条件和环境，再加上哪些主客观因素的变化取得了成效。

由此可见，在面对需要解释"失败"或者"成功"的背后因素之时，便要运用存在因果关系的语句来表达我们的意思。

比如，在一份情况说明中，我们在讲到当前某项工作中存在的问题时，一般要带出这个问题背后的原因。例如，因××、××等影响，××工作当前始终难以取得突破性进展。

比如，在对照检查中，我们在讲到自己在性格和作风方面存在的问题时，也需要讲一讲这些问题背后的原因，从而将重心或者注意点集中到原因上。例如，因本人自身存在着积极性××、创新性××不足等问题，导致了××、××等工作迟迟无法取得进展。

比如，在某些调研报告之中，我们对于问题的描述也是其中重要的组成部分，甚至会占据文稿的绝大部分篇幅。

因果关系的表述，重点并不在于表达的方式，而在于归因的技巧。在绝大部分场合，因果关系就是按照客观的现实情况做准确的表述。只不过根据不同的目的和需要，对于这种因果的表述，仍然有相对简略或者烦琐的区别。

5.2.2　简单与烦琐

表达因果关系最简单的句子，如下所示：

因×××、×××等（原因），某某工作遇到了××等方面的问题（结果）。

或者：

得益于××、××、××等各方面的努力（原因），某某工作取得了突出的成效（结果）。

上述两个句子几乎可以"万能"地表述出在需要简便表述的语境之下的因果关系。前者明确了某些事情出现困难的原因，而后者则展现出某些事务的成功主要得益于哪些方面的因素。

也有更加复杂一点的表述，比如上述两个句子，我们也可以进一步"繁写"，形成下面的样子：

今年以来，因×××形势进一步趋近，×××市场尚未得到完全恢复。同时，由于××××的紧缩，再加上×××并未好转，市场××供应量完全不足。另外，由于×××的压缩，相关重点企业在原材料供应方面始终存在着不小的困难。因此，上半年以来，我区××经济形势存在较大的下行压力，预计将无法完成年初预定的 5.5% 增长目标。

今年以来，得益于×××体系的进一步完善，我县对周边地区人口的吸引力进一步提升。再加上××、××、××等商业基础设施的完善，消费环境稳步优化。另外，前期××、××、××等各部门齐心协力，×××体系也得以完善，服务水平进一步提升。

上述两个"句子"，严格来说已经成了两个"段落"，不但意思进一步丰富，也多了一部分推导的过程，使因果关系的表述更加圆满。

在工作实践中，我们的因果关系表达是选择简单还是选择烦琐，取决于以下不同的情况：

1. 是否需要多重归因

如果只是简单地从 A 推导出 B，那么我们即使想表达得更加繁杂，恐怕也是"无话可讲"。

比如，因为 ×× 而造成了 ××。

这是一组非常简单的因果关系，两者之间形成一种"直线型"的逻辑关联，并没有太多地"绕圈圈"，所以很难写出复杂的句式。

但是我们看另外一个例子：

因为 ×× 而造成了 ××，进而导致 ××。

或者：

因为 ××、××、×× 等多重原因，共同导致了 ××。

在上述两种情况之下，因为多重归因的存在，句式就相应变得更加复杂。简单的一句话已经不能承载我们想要表达的所有意思，句式需要变得更加复杂一些。

前者可以做如下的调整：

因 ××× 等因素，×× 环境进一步复杂化，×× 供给量减少，从而导致了 ××× 的降低。

这一句式从一个原因到另一个原因再到第三个原因，进而引出了最终的结果，形成了逻辑链条。因为这种逻辑链条的存在，这种推导关系成为必要。

后者则可以用诸如"同时""另外""再加上"等词语，引导出不同的原因，其表述可调整如下：

因 ×× 等原因，×× 有所调整。同时，×× 对 ×× 的影响也更加明显。另外，×× 因素对我县部分 ×× 造成了负面影响。再加上 ×× 迟迟未能调整落实，×× 的上升趋势迎来前所未有的压力。

这种逻辑关系的特点在于，各种因素之间并没有特别强的关联性，而是各自发挥各自的作用，以一种"并列"的作用方式共同导致了结果的发生。

因此，客观上是否需要多重归因，决定了因果表述应该简单还是繁杂。

2. 篇幅是否容得下

当然，是否多重归因，可以从客观需要的角度来判断是否有必要去完成一些相对烦琐的因果表述。但是在现实中，并不是所有的多重归因都可以采用复杂句式，或者说一定就可以采用复杂句式。因为在起草文稿的时候，是使用简单句式还是繁杂句式，还要根据具体篇幅而定。在很多情况下，篇幅要求并不支持我们全面介绍某个情况。

比如，某个分析会留给我们的发言时间可能本来就不长，我们不可能面面俱到，而只能挑选其中一部分较为重要的要素做汇报。在这种场合之下，即使是对多重逻辑链条的推导，也只能一笔带过。多重因素的共同作用，只能是简单的排列组合。

比如，因 ××、××、×× 等因素，当前 ×× 工作正面临较大压力。

在篇幅有限的情况下，我们所注重的，是在精简的语言表述中尽可能地点到各个因素，而不是强调这些因素起到了什么样的作用。也就是说，只要我们提到了某个因素，那就说明我们的分析中已经掌握了其相关的情况，至于具体的作用，就无法全面表述了。

小贴士

这种情况有点类似于各种考试中的"踩点给分"，只要讲到某个要点，就可以得分。

3. 原因是否属于当前要解决的问题

除了篇幅之外，我们还需要关注这些因果关系是否为我们当前需要解决的矛盾。或者说，导致这些问题产生的原因，是不是需要我们下大力气去处理的难题，或者是需要我们全力归纳总结的成功经验。如果不是，那么这些因果关系也可以采取简略的方式来表述。

比如，针对地方房地产投资形势分析，我们在分析因果关系的时候，可能会涉及一些宏观环境因素，类似于全国层面的房地产市场运行形势。但实际上，这类宏观层面的因素变化，我们站在地方的角度是无法改变与控制的。无论讲得多还是少，分析得深入还是肤浅，都无济于事。所以对于这类情况，自然可以少讲一些，把有限的笔墨用在更有价值的地方。

5.2.3 更好的归因方式

归因的表述是烦琐还是简单，影响的是因果关系中的表达形式。而除了形式之外，我们同样也要注意归因的内容，因为这里涉及问题与成效两者不同的侧重方式。

要表述问题的时候，我们需要尽可能地强调客观方面的困难，以争取更多的资源去解决客观难题，而不过多地纠结主观方面的因素。但反过来，当我们表述成效并归结成效得益于什么的时候，则应以主观方面的原因为主。这便是因果关系表述最重要的原则和技巧。也就是说，在成效方面，尽量突出主观层面的努力，重点回顾我们在前期工作中所投入的努力，并展现出自身在某项工作方面的思路和成效；在问题方面，尽量突出客观层面的因素。

常见的归因表述如下：

前期，通过×××等措施，××工作目前取得了较好的成效，各项推进较为顺利，实现了××等成果。但是因为××等客观因素影响，目前该项工作仍然面临×××等问题，需要我们继续努力。

5.3 祈使语句的表述特点

祈使语句主要使用在通知、方案等文稿之中，其目的是通告情况或者组织力量，与前面两种语句的目的有着比较大的区别。此类文稿本身比较简单，相比于文字，可能更注重细节，因此其在表述上并没有太多需要推敲的地方，只要能清楚地表达主题内容就可以了。

在具体撰稿的时候，对于祈使语句的掌握，我们需要注意三个方面。

5.3.1 对象该省还是不该省

因为公文写作本身追求的是简洁明确，很多场合下祈使的对象都会被省略，以保证语句整体不显得累赘。

比如，以下是一则简单而常见的案例。

案例5.2

关于提供××情况的通知

各有关单位：

根据××要求部署，请你局对照附件要求，填写××表格，并于×月×日下午下班前报送至×××。

而在实践中，"你局"两个字是可以直接删除的，一般表述为：

请对照附件要求……

因为公文发送给哪些单位、需要哪些人去处理，在文稿之外会经过一套行政文书处理流程，谁去处理这件事一目了然，不需要多此一举。

就算我们要求的事情涉及多条工作线，那也是对方统筹整合的事情，不需要我们去操心。

但如果某件事涉及责任归属，那就必须明确责任人的角色。

同样是上文的例句，根据需要，可能会写成这样一句话：

请对照附件要求，填写××表格，并经主要负责人签字后，于×月×日下午下班前报送至×××。

这里增加了"主要负责人"这个角色，其实是增加了一道审核把关的环节，从而突出了这件事的责任归属方。

5.3.2　如何表达强烈的语气

根据实际工作需要，我们有时候可能需要表达很强烈的语气，但是公文写作本身排斥口语化的表述，而且不能随意在语句中增加感叹号等特殊的标点符号，所以，需要一定的技巧和方法。

其中，最常见的就是"阴阳怪气"。

比如，某县的县委书记在一场大型会议上的讲话中，针对某项推进不理想的工作，要求责任单位进一步加强重视，推进工作开展。

在讲话稿中，要表达这一层含义，不能用口语化的语句来表达感情色彩，也没法通过感叹号的形式让领导抬高语调来追求类似于舞台表现的效果。

小贴士

当然，如果领导自己愿意自由发挥，那可以随他"破口大骂"或者用其他什么手段去批评。但我们站在写材料的角度，仍然要做好自己的事。

对此，我们可以在语言表达上，通过"阴阳怪气"的手法，让"批评"的意味更加强烈。

原本可能是简单的一句：

× 局要做好 ×× 工作，扭转 ×× 持续不利的局面。

我们可以写成：

× 局要切实提高对 ×× 工作的重视，认真反思工作方法，从自身查摆原因，转变工作作风，打好 ×× 工作的翻身仗。

这里面所追加的"提高重视""反思方法""查摆原因"等语句，虽然看上去语气平淡，但是在此类场合下，经由领导的口说出来，却有十分强大的震慑力和影响力，比感叹号的效果要好很多。

如果是书面文件，我们也可以用以下办法来处理。

比如：

请某局做好 ×× 工作。

改写为：

请某局高度重视，切实按照上级领导的指示要求，做好 ×× 工作。

这种改写也能达到增强祈使句语气的效果。

5.3.3　如何让语气软化

祈使句体现的是强制性和权威性，体现的是不容置疑的态度。因此，使用祈使句必须考虑场合，不能"图一时之快"。否则，不但难以达到目的，而且可能会给工作开展带来负面效果。

一般而言，上级对下级发文，无论使用多么强制性的语句，都不会犯错误，因为上下级之间本身就存在着领导与被领导的关系。但如果是平级单位之间，或者不存在任何领导管辖关系的部门之间，用祈使句就必须谨慎而温和，否则容易引起对方反感。

仍然以案例 5.2 为例。如果该函告发送的对象是我们的平级单位，那么函中的祈使句就应当适当软化，而不能如此强硬。

比如可以改写成下面这样：

案例5.3

关于提供 ×× 情况的通知

各有关单位：

根据 ×× 要求部署，现恳请贵局协助填写 ×× 表格，并于 × 月 × 日下午下班前报送至 ×××。

仅仅加了几个字，语气上却有天壤之别，由强硬命令转变为寻求协助。在实践中，不考虑其他"场外因素"，这种表述方式更有助于工作开展。

小贴士

对于贵局、贵单位、贵地之类的"贵字头"说法，笔者深为反感，认为这种表达方式消除了公文的严肃性，削弱了"公对公"的公事色彩。但在实践中，"贵局"总是比"你局"能让对方更好接受。

第 6 章

公文语言的修辞方法

写材料可以很简单，也可以很复杂，全在于领导的要求，以及我们对于自我的期望。用修辞手法来提升公文语言的表述水平，可能是一种"自我加压"或者"自我磨炼"的手法，在大多数场合下利大于弊。

6.1 目标：从平平无奇到脱颖而出

我们对文稿"不择手段"地运用修辞手法，主要目的是让文稿不再平平无奇，而是具备一定的特色，并全力去争取三个方面的评价：

"材料的内容不错，这几件事说得都有道理，概括得也很准确。"

"材料很精致很工整，看得出他们工作很认真，态度很端正。"

"材料水平不错，看得出写材料的人水平很高。"

第一句评价，为工作推进助力。

第二句评价，为集体形象增光。

第三句评价，为个人能力加分。

因此，在重要文稿上磨炼修辞功夫是值得的。

小贴士

重要文稿往往影响重大，领导特别关注。如果是日常性稿件，比如会议通知、工作信息、往来公函等，则没有必要兴师动众去磨炼修辞。

为了得到上述三句评价，我们必须开动脑筋，让自己的文稿完成一趟从"平平无奇"到"脱颖而出"的旅程。

6.1.1 注重内容上的提升

在日常工作中，我们会遇到很多"例行公事"的文稿，这类文稿在内容上往往大同小异，没有什么可供提升的空间。但如果要达到我们的修辞目标，实现"脱颖而出"的目的，那就需要在内容上另辟蹊径，做一定的提升。

比如，类似于述德述廉这样的文稿，在很多场合下都是差不多的，甚至很多人在撰稿的时候也不会在意这其中的内容区别，大多是"例行公事"。

小贴士

这类文稿虽然内容提升空间不大，但所幸相互之间的比拼并不太激烈，内卷程度不算太高。如果稍加修饰，还是可以收获一些亮点的。

我们以一段述德报告的内容为例，介绍如何通过简单的内容提升让文稿脱颖而出。

案例6.1

一年来，本人深入学习习近平新时代中国特色社会主义思想，高举中国特色社会主义伟大旗帜，注重自身品德修养，将加强道德修养作为重要的人生必修课。认真参加各种政治理论学习活动，通过学习增强道德意识，树立正确的世界观、人生观和价值观，培育积极向上的理想追求。在岗位工作中，具备较强的奉献意识。同时，注重家风塑造，坚持公道正派做人，诚实守信做事，保持良好的生活情趣。

上面这段述德报告，在网上随便一搜便可得到，里面的内容具有"普适性"。可能绝大部分人一眼掠过之后，很快就会忘记这段说了些什么。

我们可以针对这个主题，对内容做进一步提升：

一年来，本人坚持"以德为本"，不断强化自律意识，提升自身道德修养。在政治品德方面，第一时间学习和领会上级各项精神，注重培养自己的全局观念和大局意识，时刻与上级步调保持一致。在职业道德方面，牢固树立为人民服务的宗旨，将个人理想追求融入××事业之中，强化奉献精神。在家庭美德方面，注重对身边人的教育，塑造良好的家风环境。在社会公德方面，坚持对自身言行举止的高标准和严要求，在社会生活和人际交往中保持好一名领导干部应有的形象。

上述内容虽然也是老生常谈，但划分了政治品德、职业道德、家庭美德、社会公德等不同方面，再按照每个板块去充实内容，使其具备不一样的亮点。这种亮点之所以可贵，在于述德报告本身就是一种固定化或者模式化的报告文本，每一次撰稿也都是围绕固定的内容，很难写出新意。甚至阅稿人也不会去特别关注这段话到底写了什么。在这种场合之下，如何能够弄出一些有所提升的"高端文字"，对于我们而言，或许更具有训练的价值。

小贴士

在日常工作中，很多稿件本身都是套路，也有许多人直接从网络下载然后稍加修改形成自己的文稿。这种修改不管多么彻底，仍然会带有一种敷衍且不经过大脑的痕迹。但是，如果文稿是认真处理过的，或者说有意识提升过的，那效果还是会显现出来的。

6.1.2　注重编排上的新意

在内容编排上能够突出新意，考验的并不是文笔水平，而是逻辑思维能力。特别是一些需要定期提交的作品，其格式框架大多是相对固定的。如果在编排中能够体现出"另类"，则有一定的可能实现稿件"关注度"的提升。

这类编排方式，指的并不是文字上的斟酌，也不是强调我们去寻找新颖好看的标题，而是在稿件内容的处理上，用一种突破传统套路的方法，带给人眼前一亮的感觉。

案例6.2

某国企的工作格局相对稳定，其工作总结在过去数年均是按照如下顺序进行编排的：

（一）经营指标整体情况

（二）产品服务研发情况

（三）平台项目开发情况

（四）团队人才管理情况

这种分类方法由来已久，对所有听取汇报的人来说都是司空见惯的，大家也习惯了从这种体例和格式中建立起自己对某件事物的认识。如果我们对于某件事物有很深刻或者很精准的认识，那么便可以探索一些新颖的分类方法，尝试改变文稿的主体结构，进而达到引人关注的目的。

比如，上文案例的编排格式我们可以改写为：

（一）坚持以改革创新为引领，运营能力不断提升

（二）坚持以合作共赢为宗旨，项目开发顺利推进

（三）坚持以渠道拓展为主线，竞争优势明显加强

（四）坚持以苦练内功为要求，管理效益日趋提高

上面这种编排格式，将传统的指标数据、产品服务研发、平台项目开发和内部管理等不同方面的内容打散，再整合成新的框架体系。两种不同的编排方法，哪种更好更准确，可谓见仁见智。前一种虽然会让人审美疲劳，但也有其合理性，对于问题的表述也更加直截了当。而后一种编排方法，虽给人更加统一的感观，但也存在着概括未必完全，甚至部分地方表述不够精准的问题。

然而，如果我们希望摆脱"平平无奇"的影响，让这份材料吸引更多人的目光，自然会选择第二种表述方式。当然，客观上哪种更有效，自然也要看具体的场合与要求，而不能只顾着让自己出彩，却忘了真正的需要。两者相比较而言，如果会议的主题和要求就是分析逐个经济指标，那我们就得"老老实实"地按照会议要求来编排自己的文章结构，而不能另辟蹊径。

小贴士

另外，我们也要关注历史因素。如果这家国企往年都是按照第二种模式来编排，那我们"返璞归真"采用第一种模式，或许也会让人感觉"眼前一亮"，甚至可能会有领导评价道：还是这种编排方式看着简洁舒服，一目了然。

6.1.3　注重格式上的精细

公文材料有严谨的格式要求，严格遵循公文格式撰写出的稿件，在视觉上便有着极为美观的感受，给人留下好印象。

在实践中，常见到一些单位不注重文稿格式，拿出来的材料让人不忍卒读。这类材料不论内容有多精妙，给人的第一印象也还是"态度有问题""连基本格式都做不好""整个单位的水平也就那样"等。

这背后的原因，主要是公文格式调整不到位，并非主观审美上的旨趣把握问题。格式要求是严谨的客观要求，并不牵涉文稿纸面上的形式是否好看。公文格式规范明明白白地摆在那里，不需要我们去纠结怎样好看，怎样不好看，只要按照规范要求认认真真落实就可以了。如果没有弄好，确实也只能说明"不重视""太粗心""搞不来"。

格式调整其实并不属于公文写作的范畴，也不是本书所要讨论的中心内容。这里仅仅是提醒所有的"笔杆子"，不要因为糟糕的格式问题影响了文稿的整体质量，抵消了我们前期努力的付出。

另外，在核对文稿格式的时候，要特别注意页码是否插入、标点符号是否中文格式、一二级标题格式是否全文统一等细节问题。做好这些细节工作，有助于提升文稿整体的美观度。

小贴士

如果一堆内容大同小异的文稿放在那里，格式好的永远比格式一团糟的更吸引眼球，更能引起他人的好感。

这就如同人的相貌会对人的命运产生影响一样。但样貌是天生的，而文稿的格式却可以多花一点时间好好调整。两相比较，我们在可以努力的地方，还是要不遗余力地付出自己的努力。

6.2 窍门：敢于提炼和优化关键词

6.2.1 关键词是什么

所谓关键词，就是既自带亮点，同时又能高度概括公文目的的词汇。

为了表达出文稿的目的，我们可能需要用长篇大论来衬托出核心观点。但是这些长篇大论本身可能会比较枯燥和单调，从而影响文稿的可读性，甚至容易跑题或者冲淡文稿本身的核心观点，需要用一定的技巧加以处理。

案例6.3

某县政府工作报告之中，对于社会事业中的"文化""教育"和"卫生"三大板块，形成了如下表述：

推进"文化服务全体系"惠民工程。抓好××、××等特色文体品牌活动，举办琼剧、戏曲、电影以及相关文化下乡活动××场，进一步丰富群众文体生活。全力推进××大舞台建设，打造更具××地方标识度的文化形象。做好非遗××保护，探索××商业新模式。

加快"医疗三级联动"体系改革。加快××医院××和××等重点医疗卫生项目建设，有序加快××改革步伐，优化医疗卫生领域的××应用格局。全面加强××能力建设，推广××医疗健康服务包。推进××支付方式改革，切实减轻群众医疗费用负担。抓好××建设，加大基层药品和医疗服务保障供给。

深化"教育均衡化工程"建设。引进×××等×个名校项目，新建中小学、幼儿园××所，实现全县学前三年毛入园率达到97%。推行××全覆盖，扎实开展××试点建设，率全省之先完成××工作。积极探索××服务外包新模式，完成幼儿园配建机制改革，争取实现××覆盖率和××占比分别达到90%和85%的标准。

我们可以发现，不同的领域有不同的关键词来引领。在文化领域，提出了"文化服务全体系"的关键词；在卫生领域，则是"医疗三级联动"的关键词；在教育领域，关键词又成了"教育均衡化工程"。针对核心观点，运用这一系列关键词加以包装，不但能够避免枯燥感，而且可以进一步凸显核心的份量和价值，给人留下更加深刻的印象。也就是说，这里标题所提出的具有高度概括性的关键词，装饰以"工程""改革""体系"等高大上的名字，更加令人瞩目。

而这种关键词最重要的特征，是能够起到"提纲挈领"的作用，也就是关键词的内容可以涵盖其所带出来的那一段话。如果关键词与其所引领的内容"风马牛不相及"，那这类关键词就失去了存在的意义。

小贴士

幸运的是，这种原创关键词的解释权在我们自己手里，只要能自圆其说，我们可以赋予其外延无穷大的含义。所以一般情况下，不会出现关键词不能涵盖自身内容的情况。

6.2.2 关键词的事前判断

关键词是否需要提炼，以及如何提炼，取决于我们所面对的具体写稿任务。

也就是说要解决一个问题，即这篇稿件是否有需要、有必要、有空间去提炼关键词。

有些稿件并不需要如此大费周章。比如，一些领导并不太关注的日常性文稿，大可不必在提炼关键词上浪费太多的时间和精力。

有些稿件的目的并不适合我们"炫技"。比如，一些陈述困难，或者检讨表态之类的稿件，更需要体现的是诚恳，而不是炫耀。

小贴士

值得注意的是，诸如检讨或者表态一类的发言，虽然文稿整体上的风格倾向不太适合"炫技"，但丝毫不妨碍我们在"下一步计划"的板块中继续去提炼关键词。如果关键词准备得好，那也会成为一篇有目标、有思路、有举措的文稿，可能效果比普通的检讨表态更好。

有些稿件内容较为简单。比如，一些仅有数百字的新闻信息稿，其所陈述的对象内容也相对简略，如果我们非要在"螺蛳壳内做道场"，提炼出什么亮眼的关键词，实际上也很困难。

因此，我们在面对文稿的时候，更多地需要考虑文稿本身适用的场合与性质是否需要去提炼关键词。如果文稿本身并不适合，那关键词的存在甚至有可能会起到"反作用"。而这种考虑的关键在于公文的目的，也就是这篇公文写出来是做什么用的。

但是话又说回来，我们作为"笔杆子"，出于敬业精神或者磨炼意志的考量，不能因为"没有必要"就放弃了对"关键词"的追索。比如，不能因为领导不关注某篇文稿，就不去尝试着思考，因为思考的成果说不定在其他场合会用到；不能因为稿件整体目的不匹配，而放弃了对稿件部分内容精益求精。对自己有要求的人，会倾向于抓住一切机会来锻炼提升自己。

6.2.3 关键词的提炼方法

要想提炼好关键词，我们必须熟悉所描述的工作内容，充分运用日积月累的语言表述直觉与技巧。这类提炼方法并没有可以直接套用的公式，更多的是经验的积累。

针对不同的内容，有不同的关键词提炼模式和方法。

1. 高度概括

如果内容是针对过去完成事项的，我们可以按照"一言以蔽之"的原则，对原本存在的多项举措加以统一包装和提炼。

这类稿件的目的很单纯，就是展现成绩。故而关键词就要以最高的凝练度来概括总结过去的工作成效。

我们以下面的事例来说明：

案例6.4

过去五年，我们深入贯彻落实区委、区政府打造交通枢纽城区的战略部署精神，不断完善区域道路交通网络，取得了良好的成效。实现了×××、×××、×××等主干道路的建成，缩短了中心城区与×××的距离，形成了更加便捷的内外交通体系。城区道路交通网络进一步完善，××等×条重点市政道路完成投资量的90%。××等三大交通中转节点的配套功能得到完善，辐射功能得到更有效的发挥。公路管理××模式全面推行，××等养护水准得到有效提升。

上述一段话，论述了交通道路建设管理方面的成就，里面的内容自然是经过梳理和整合的，不会有错。但是关键词的提炼，并不在于内容是否有相关的错误，而在于进一步概括出整个核心内容。我们前面已经介绍过，关键词主要是高度概括公文的目的，同时自带亮点。本段话的目的在于展现成绩，那么我们的关键词就必须围绕成绩，对这段话的全部内容加以概括，然后提炼出相对简单而又让人印象深刻的几个字眼。

提炼后的案例如下所示：

过去五年，我们立足打造"××枢纽城区"的目标要求，"五纵四横三节点"的交通路网格局基本形成，"15分钟都市交通圈"已具雏形。×××、×××、×××等×条主干道路建成通车，××、××等×条快速路完成××铺装，×××、×××等××条重点市政道路完成投资量的90%。××等三大交通中转节点的配套功能得到完善，辐射功能得到更有效的发挥。同时，进一步完善了××管理模式，以更高的养护水准为×××网络建设提供更有力的保障。

经过润色的文稿提炼出了一系列关键词。首先是"××枢纽城区"的总目标，将交通道路网格的"长篇大论"浓缩到这样一个简单的核心表述之中，从而避免了冗长繁杂的论述，保证了核心观点脱颖而出。因为相比长篇大论，这种简洁而有点新颖意味的提法，能够更有效地在"读者"（听众）脑海中留下印象。同时，在细分内容中还进一步总结出了诸如"五纵四横三节点""15分钟都市交通圈"等概念，使文稿的内容更加丰富。

小贴士

　　近年来，很多政府工作报告的后面都会附带一批名词解释，用来说明报告中的一些特殊词汇。这些特殊词汇就是常见的"关键词"，用于表达一些体系较为庞杂，但是相互之间又有一定关联性的工作内容。这种关键词虽然可能需要加以注释，但是相比起既可以浓缩报告的篇幅，又可以使文稿水平得到提升的作用，注释的"成本"显然更容易让人接受。

　　从案例可以看出，我们很多时候会煞有介事地罗列几项举措来展现过去的努力和成效，但是因为缺少关键词，这些举措会显得稍微繁杂和散乱。经过润色之后，这些举措会被提炼为更加"朗朗上口"的一两句关键词。如此一来，便凸显出我们这项工作的特色和亮点。比如，原本没有什么概念的一堆内容，因为有了"五纵四横三节点"这个词组，一下就凸显出当地交通建设的品牌形象。

　　因此，在文稿的成效部分，我们可以使用高度概括的方式，将过往各项举措全部"压缩"到一起，从而形成一个全新的概念和说法，用来更精练地概括过去的工作成效。

　　这个被"压缩"到一起的新概念和新说法，便成为我们所提炼的"关键词"。

小贴士

这类做法常见于经验信息、工作总结等展现过去成绩的材料之中，用来提升材料整体的精练度。更加难能可贵的是，这类关键词提炼之后，可以直接作为这类材料的"标题"来使用。

2. 排列组合

如果内容是描述客观情况，或者分析问题和原因的，那就可以通过排列组合的方法，运用一些"纵横捭阖"的穿插和切割，将相对较为杂乱，或者表现方式较为单一的内容构建成更有新意的框架结构。

案例6.5

某区统计部门关于经济形势的分析报告，针对存在问题形成了如下的表述模式：

一、工业经济承压运行

二、商贸消费持续疲软

三、投资增长后劲不足

四、外贸形势不容乐观

这种分类方法同样由来已久，我们试着改写为下面的内容：

当前，我县经济运行面临着"三重矛盾"：

一是产业转型与路径依赖之间的矛盾

二是供给提振与需求疲软之间的矛盾

三是要素成本与企业效益之间的矛盾

在案例 6.5 中，我们将原本较为传统的问题罗列方式加以归纳整合，提炼出"三种矛盾"，从而将原本十余项问题归纳在更加精练的一个词组之中。

这种排列组合的方式在实务性稿件中常有运用。这类稿件的整合完成度可能会取决于写作者对这类关键词的提炼能力，进而凸显领导的水平和"高度"。

对于一名领导干部而言，良好的工作素质就体现在能否将纷繁复杂的日常工作和问题梳理出头绪。如果一名干部在陈述问题的时候，一口气"抖出"十几个相互之间既有关联又没有密切联系的因素，就显得对工作没有深入思考。但如果他能将这十几个因素替换为"四大矛盾""三大焦点""五个不足"，则不但将问题因素梳理得井井有条，更可以进一步反映出其自身的逻辑思维水平以及对具体工作问题的把控能力。这也是文字的价值所在。

但是，排列组合能否成功，还要看我们对客观工作的理解和归纳能力。因为这种处理方式，是针对内容的拆解和整合。

要拆解，就需要先理解，不然便无从下手。特别是专业性强而又结构庞大的内容，如果对其缺乏认识和理解，仅仅玩文字游戏，那自然无法提炼出正确的信息。

而整合内容，更是要在理解内容的基础之上，重新将其归纳到不同的框架之中。这自然需要我们对不同事物的内在性质有准确的判断。

小贴士

　　假设现在有一堆颜色不同、形状不同的积木，要求按照不同的方法归类，放到不同的篮子里去。我们可以按照不同的颜色来分类，也可以对这些积木性质进行再分析，然后按照不同的形状来分类。但是不管如何分类，都需要我们理解并熟悉它们在颜色和形状方面的不同性质特点。

相比"高度概括"的方式，排列组合的做法更加强调逻辑性，也更加注重对各项客观事物之间关联性的把控。在具体实务中，前者更类似于在文字形式上的整合，而后者则强调对内容关系的把握。

3. 虚空立靶

如果说，高度概括的方式适用于对过去成就的描述，排列组合的手段适用于对客观现象和因素的陈述，那么对于下一步工作计划，是否有相应常用的关键词提炼方式呢？

那肯定是有的。而且对于下一步计划的表述，方式更加多样化，更加自由。

其中，最常见的手法可以概括为"虚空立靶"。

简而言之，就是先明确要写什么内容，然后创设一个概念，将这些内容全部整合进去。而这个创设出的概念，是"从无到有"的，或者说原本就不存在这么一个说法，但是为了更好地概括出下一步举措的亮点，为了更有效地提炼出关键词，我们可以树立一个之前从未听说过的目标，然后围绕这个目标排列下一步的举措。

我们设想一个案例：

案例6.6

某县在谋划未来一年工作的时候，梳理出了经济发展、城市建设、社会事业、体制改革等四个方面的工作，在每方面工作下面又列出了很多具体内容。

按照正常的套路，该县在准备政府工作报告的时候，关于下一步计划内容，构建下面的框架：

一、重构产业体系，推动经济提速运行

二、深化重点改革，打造开放包容平台

三、加快城乡融合，创建更优人居环境

四、优化社会治理，提升公共服务能力

这个框架涵盖了下年工作计划任务，算是一篇中规中矩的文稿，没有太多亮眼的地方。对于该县的笔杆子来说，每年或许都是如此这般。

我们针对这四件事情，不妨按照"虚空立靶"的办法创设一个总目标，然后用这个总目标来统领下一步的所有工作内容。

比如，我们可以将这一系列计划包装成"四个年"。

一、实施"产业重构年"行动，推动经济提速运行

二、实施"改革深化年"行动，打造开放包容平台

三、实施"城乡融合年"行动，创建更优人居环境

四、实施"治理提升年"行动，提升公共服务能力

———————————————————————————

这样处理之后，不但每个标题相对不那么让人费脑筋，而且总体上还能直接以"四个年"来统领新一年的工作方向和主要内容，相比之前缺乏体系化统领的内容，显得更加有逻辑性。

小贴士

当然，现实中也不会有这么简单的政府工作报告，本案例是对一份真实的县级政府工作报告加以提炼和精简后的产物。

这类做法的灵活性体现在"四个年"上，抑或其他总体上的思路与提法，都是自己"说了算"，因为这里关注的是下一步计划部分，与前面"高度概括"方面的总结部分有较大的差异。

从案例 6.3 和案例 6.6 的对比中，我们可以发现两者的差异。

前者是回顾过去的成绩，而过去的成绩已经大体定形，不可能有太大变化，因此提炼这部分关键词时，需要对现有材料加以概括，注重文字上在提炼之后的匹配性，而不能在内容上"随心所欲"。后者则是对未来的谋划，是尚未发生的事情，相比而言有更多的灵活处理空间，关键词也可以相对更加自由。

这种差异性，催生出两种不同的关键词提炼方法。前者强调的是对现有资料的概括，先有资料，再想办法分类归纳，"加工"成分多于"创作"成分；而后者强调的是对不确定事情的调整与整合，可以根据预期的分类归纳结果重新组合资料，"创作"成分多于"加工"成分。

从上述案例也可以看出，数字化概括是一个比较简单且取巧的方式，可以省下许多思考与斟酌的时间和精力。特别是面对时间长的规划和计划，我们更可以依赖于这种办法，比如"四个年""三大行动""五大工程"，都可以作为未来蓝图和目标的概括性表达。

数字化概括的另一个变体，是依据时间节点来设定中长期目标。

比如，按照"1368"的步骤来推进 ×× 工作。这里的"1368"指的分别是一年、三年、六年和八年取得什么样的工作进度，类似于"一年打基础、三年出形象、六年基本建成、八年辐射 ××"等。这类数字标志着不同的时间节点，而这些时间节点又意味着这项工作在某方面所取得的突破性进展。如果不依赖于这类关键词，我们就需要占用大量的篇幅去介绍每一个时间段的任务和目标，导致文稿显得过于沉重和累赘。

运用数字表述的方法，在实践上有一定的投机取巧之嫌，但至少可以用相对较少的篇幅将主旨内容表达清楚。同时，数字化表述也具备一定的正面效果，比如对任务目标的描述可以更加"朗朗上口"，起到让目标"深入人心"的作用。

> **小贴士**
>
> 　　实践中，是否使用这种数字化的表述方式，还需要与上级领导以及各相关方面达成一定的共识，否则这类关键词的提炼就会显得过于单薄。同时，如果这类表述写入诸如政府工作报告这样的重要文稿中，应当配备一定的"名词解释"，否则读者难以理解这些数字背后的具体意义。

4. 借用领导

这是最直接也最简便的办法。

我们提炼关键词是为了让文稿吸引眼球，或者说让文稿更切合外部的正面评价。但是对于公文材料而言，绝大部分受众，或者说最重要的受众，是上级领导。

比如，我们撰写的经验信息，是呈报给上级领导的，能否被录用，取决于上级的判断。

比如，我们起草的汇报材料，是向领导汇报并请领导协调工作的，能否确保问题得以推进，也取决于我们的汇报是否清晰准确。

又比如，我们提出的目标计划，是向领导提出我们的思路并向领导表态的，是否有机会得到领导的支持也考验着材料的水平。

因此，领导是评判材料水平最重要的主体。

如果上级领导关于某一件事情曾经提出过相应的关键词表达，那么这类表达天然地可以成为文稿中的关键词，我们在撰稿的时候可以大胆借用领导的表述成果。

小贴士

类似案例 6.6 中的"四个年"的提法，往往由地方主官自己思考提出，或者给出类似的思路与方向，再交给"笔杆子"去完善和丰富。因此，对于领导提出的关键词，即便我们有不同意见，也得将其作为重要候选加以考虑。

6.3 标题：追求文字工整精益求精

公文的内容和目的，需要由文字来承载和表现。一篇好的公文材料，首先在文字上必须是精益求精的。但是公文材料对于文字的追求，还是要秉持适可而止的原则。特别是在时间相对紧张，而任务较为繁重的情况下，浪费过多的时间去"雕琢"文字得不偿失。因为公文的文字风格是以精确和简练为主的，并不需要在文学艺术方面去斟酌推敲太多。

在实践中，我们追求文字的精致，很多时候是围绕着文字的工整性下功夫。这是公文材料文字运用的重要原则，是整个稿件框架搭建的核心要素，甚至可以说是首位要求。特别是在搭建文稿框架的时候，首先要运用好工整的大小标题。

事实上，这个已经成为"材料狗"的条件反射。经历过长期文字岗位锻炼的人，无论写什么样的稿件，都会"自觉或不自觉地"追求标题的工整性。比如，市面上很多关于公文写作的书籍，大小标题看上去都很工整，背后的自觉意识可见一斑。

6.3.1　标题要工整

框架是内容在逻辑关系上的区分，而标题则是区分框架的标注。

一般来说，需要搭建大小标题的文稿，必然是具有一定篇幅要求的"大中型"材料。因为类似于几百字的"小型"信息、请示、通知等，本身篇幅就很小，自然没有空间可以区分大小段落，也不可能搭建起多么复杂的标题系统。

而一些比较复杂的稿件，就必须用一层层标题支撑起文稿的框架。

我们先看一篇常见的领导讲话稿：

案例6.7

在新提任干部集体谈话会上的讲话
党委书记、局长×××

同志们：

今天，我们在这里举行新提任干部集体谈话会。这次集体谈话，既是……也是……更是……。这次干部提任，是……后做出的决定。既充分考虑了……，又坚持……原则，重点选拔了一批……的优秀干部。希望大家从讲政治的高度出发……。下面，借这次机会，我讲三点意见，与大家共勉。

一、坚定政治信仰，在忠诚拥护两个确立上走在前、做表率

"天下至德，莫大于忠。"对党忠诚，是党章明确规定的党员义务，是每个党员入党宣誓时的庄严承诺，也是每个党员必须遵循的党性原则和必须具备的政治素养。衡量党员干部的党性强不强，最重要的就是要……。大家作为新提任的领导干部，要想清楚"三个问题"……只有……才能够不忘初心，找准方向，才是真正的对党忠诚。

一要严守政治规矩。习近平总书记指出："对党绝对忠诚要害在'绝对'两个字，就是唯一的、彻底的、无条件的、不掺任何杂质的、没有任何水分的忠诚。"新提任的领导干部，必须始终把……，进一步提高政治站位，强化政治担当……，见行动、走在前。

二要服从组织决定。身为党员干部，必须坚持组织原则，自觉做到下级服从上级，个人服从组织，全党服从中央，不能游离于组织之外。具体到在座的每位同志，就是要……，在××等重点工作中奋力拼搏、勇于担当，走在前、做表率。

三要树牢宗旨意识。全心全意为人民服务是党的根本宗旨，也是每一名领导干部的根本使命。不论是从事什么业务……必须坚持以人民为中心……千方百计为群众排忧解难……以自己的实际行动在群众中留下好口碑、好政声。

二、勇于担当作为，在奋力谱写××事业新篇章上走在前、做表率

2022年，面对疫情的反复冲击和艰巨繁重的改革发展任务，我们坚持……，再次荣获优秀单位，在全省系统条线考核中名列第二，××工作实现了精彩蝶变。

2023年是贯彻党的二十大精神开局之年，是"八八战略"实施20周年，也是××的突破之年……希望在座的各位一定要……以更加奋发的精神面貌、更加饱满的工作热情、更加昂扬的奋斗姿态，推动××工作再上新台阶。

一要带头担当尽责，敢于攻坚克难。"顺境逆境看胸怀，大事难事看担当。"当前，随着……，××工作已经成为第一要务，我们承担的工作任务会越来越重。作为××，一定要……坚定不移做××的有力推动者。

二要弘扬和合文化，凝聚发展合力。搞好团结是干好工作的重要前提。今年面临的任务更艰巨、使命更光荣、压力更超常，需要我们坚持……相互配合、相互支持、相互补位……真正共同谋事、干事、担事、成事，坚定不移做××的最佳执笔者。

三要奋勇争先进位，全力追赶超越。2023年目标定位十分清晰，工作举措也非常明确，关键要靠大家去落实、去推进。全系统党员干部，尤其是新提任干部要……努力在续写××辉煌篇章中展现担当作为。

三、树牢廉洁底线，在全力打造××上走在前、做表率

党的十八大以来，党中央对党风廉政建设和作风建设提出了一系列新思想、新观点、新要求。大家要锚定打造××2.0版……在全力打造新时代××先行军上走在前、做表率。

一要严守底线，常敲"警世钟"。要牢记初心使命……常怀敬畏之心，常思贪欲之害，常想尽责之事，讲纪律、守规矩，防微杜渐，警钟长鸣……做知规懂纪的"明白人"、遵纪守法的"带头人"、处事公道的"正派人"。

二要不越红线，筑牢"防火墙"。要严格……时刻保持清醒头脑，自觉净化……拧紧思想"总闸门"，筑起法纪"防火墙"，努力做到办事不离"章"、行为不越"轨"，清清白白做人、干干净净做事。

三要禁踩边线，远离"导火索"。越是身处关键岗位，越要……坚持"勿以恶小而为之，勿以善小而不为"，注重"小节"……从点滴做起，不踏法律"雷区"，不埋隐患"炸弹"。

同志们，"志不求易者成，事不避难者进"，历史使命重任在肩，人民期盼责无旁贷。希望大家……在××新篇章贡献更大力量！

在针对某些具体事务的讲话上，领导讲话会按照本书第1章所提及的逻辑结构来构思。但是该讲话并非部署某一项具体工作，而是一种简单的寄语，其目的并非解决问题或者推进工作。因此，这篇讲话稿在框架上，其实是"一是二是三是"这样的并列结构。

为此，我们在讲话稿中搭建起了坚定政治信仰、勇于担当作为、树牢廉洁底线这三大部分作为第一级的框架，这类标题我们称之为"一级标题"。

在一级标题部分，我们可以注意到，标题的工整性"由外及内"可以分为几个不同的层级。

首先，每句标题字数一致。虽然本案例做了删减，隐去了部分关键内容，但原稿上每一个一级标题在润色几次之后，确实实现了字数一致的目标，实在难能可贵。

其次，每句标题结构一致，均为前半句的要求加后半句的目标。

最后也是最重要的一点，三个标题的逻辑顺序一致。可以发现，"坚定政治信仰""勇于担当作为""树牢廉洁底线"前半句讲的都是前置性原则要求，或者是一种理想化的"姿态"和标准；而后半句话则是目标，就是从三个方面讲述了"达到前面的标准之后，你要成为什么样的人"，具体而言就是在三个不同的方面"走在前、做表率"。

这样的三段标题，我们便可以称之为"工整"的标题，达到了作为一级标题的标准，可以登台亮相了。

同时，我们要注意到，在每一部分下面，都有进一步的框架区分，也配套了更细的标题，这类标题我们称之为"二级标题"。

比如，案例6.7中的第三大块，在一级标题之下，还分了三个二级标题，这些二级标题也十分工整，可以"由外及内"从几个层面加以"赏析"。

另外，如果是篇幅更长或者更重要的领导讲话，还可能会有更细分的三级标题，这些三级标题自然也会是工整严谨的。

小贴士

　　这样便组成了领导常说的"这是我讲的第 × 大点的第 × 小点的第 × 块内容"。

当然，这种工整性只能算是一种文字游戏，起到的作用仅仅是装点门面罢了。对于公文材料来说，门面固然十分重要，但并不是全部。在实务中，我们还需要考虑这些费尽心机所提炼的标题是否能准确涵盖标题之下的内容。如果不能涵盖，即便再漂亮的标题，一般情况下也只得放弃。

下一节，我们继续关注标题的涵盖性问题。

6.3.2 标题要能涵盖内容

如果一味追求标题的工整性，而忽略了标题对内容的涵盖性，便犯了"舍本逐末"的错误，导致标题变得"莫名其妙"。

> **小贴士**
>
> 在大型会议上，领导在上面讲话，场下的"听众"往往只记录标题。如果大小段落的标题与内容相差甚远，便意味着笔记中的内容与讲话稿的主旨产生偏离。

我们以下文为例：

案例6.8

关于国有企业党建业务互促互融的调研报告

国有企业是党执政兴国的重要支柱和依靠力量，在巩固党的执政基础、巩固公有制主体地位、巩固中国特色社会主义制度方面肩负着重大责任和历史使命。××会议指出……新时代的国有企业，要推进党建工作与国有企业生产经营深度融合，把促进企业生产经营作为党建工作的基本出发点和落脚点……

一、××有限公司基本情况

××公司是××国有独资企业，业务涵盖……。公司下属子公司××个，在岗员工××余人；其中党员××名，共有基层党组织××个。近年来，该公司坚持党建业务互促互融……取得了良好的成效。

二、××公司党建业务互促互融经验做法

该公司积极寻找以党建促业务、以业务强党建的切入点和突破口……促进公司高质量发展。

（一）加强党的领导，提升政治引领力，做到思想上融合。

一是强化理论武装，提高思想政治站位。（略）

二是强化党员教育，推动党员能力提升。（略）

三是完善工作格局，坚守意识形态阵地。（略）

（二）强化基层建设，提升组织覆盖力，做到机制上融合。

一是完善党的领导和责任机制。（略）

二是健全党组织能力提升机制。（略）

三是强化督查考核与评价机制。（略）

（三）搭建党建平台，提升号召凝聚力，做到载体上融合。

一是打造党建与业务紧密融合的平台。（略）

二是构建党建与人才紧密融合的平台。（略）

三是创新党建与群团紧密融合的平台。（略）

三、××公司党建业务融合中存在的主要问题

调研发现，××公司在抓党建促业务发展工作中存在以下问题：

一是管理上严格程度不够。部分基层党组织对党的规章制度决策落实停留在文件、讲话中，开展学习活动存在"走过场""作秀"的情况。部分基层单位管理人员只重视经营指标数据，对党建工作简单应付、敷衍了事。

二是业务上整体素质不高。部分基层党组织将"精兵强将"放置在生产经营管理层，对党务工作者队伍建设重视度不够，导致党务干事不同程度存在"兼职化"和"老龄化"的问题。

三是形式上创新意识不强。一些基层党支部以业务繁忙为借口，开展活动模式落伍老旧、效果欠佳，影响力不强，党组织活动的开展形式多数以简单学习为主，在树立党建特色品牌上不做思考、不下功夫。

四、推进党建与业务工作深度融合的措施

一要以政治建设为核心，统一党的领导与完善公司治理。（略）

二要以思想工作为引领，激发基层党组织创新创造活力。（略）

三要以基层组织为基础，做强做优国企党建的战斗堡垒。（略）

在上面这篇调研报告中，第三大部分下面的二级标题，就存在没有涵盖性的问题。

比如，在"管理上严格程度不够"的标题下面，内容其实不仅仅是管理问题，更多的是思想认识问题。因此，这个标题修改为"思想上重视程度不够"或许更加贴近文稿内容。

比如，在"形式上创新意识不强"的标题下面，所分析的问题不仅仅在形式层面，还涉及实体层面。因此，这个标题修改为"载体上创新意识不强"相对更好。

标题本身应当是对内容的高度概括和提炼，不能为了工整而忽略文字内容。所以，标题既要有形式上的工整意义，又要有内容上的凝练和涵盖价值。只有两项都符合要求了，才意味着标题设计成功了。

6.3.3 如何设计好标题

综上所述，好的标题需要符合形式上和内容上的双重要求。那么，我们在设计标题的时候，自然也需要从形式上和内容上做好双重考量。

形式上的考量，主要是选择合适的词句。这种选择并不困难，甚至本书中提供案例的标题，可以适用于日常工作的大部分场合。在实践中，还可以参照以往的稿件，借助前人拟定的标题基础上修删填补，如此也可以应付大部分的工作场合。

另外，对各类文稿接触多了，我们自然也会形成习惯，知道哪些内容一般会套用什么样的标题，总体上不会出现大的错误。平时有足够的积累，撰写标题时便可以"随心所欲"了。

小贴士

如果在搭建标题的时候，四字成语或者相关的系列"词"一时间想不出来，可以通过百度搜索"近义词"或者"组词"的方式来解决。比如，我们希望用"全力""着力""大力"等以"力"字为核心的系列词作为标题，但是又想不出其他有关"力"的词语，便可以百度搜索"力"和"组词"，从搜索结果中筛选答案或者寻找灵感。

相比较而言，内容上的考量更加重要。标题本身需要结合内容来确定，只有对内容做出准确的分析和判断，进而选择正确的概括方式，才能保障标题的正确性。

在实战中有一定的技巧，那就是要加强标题的笼统性。越笼统的标题，概括性越强，自然也越不容易犯错。比如，前面提到的将"形式"两个字修改为"载体"一词，后者比前者更加笼统，涵盖性自然也更好，在内容概括方面也就更加"百搭"。

也就是说，标题的精确性和标题的概括性，两者之间是"反比"关系。如果追求精确性，就必须要有完全概括的把握，仔细斟酌内容的适配性。如果没有把握，那我们可以退而求其次，确保概括性，从而保证不会出现大的错误。

当然，这也仅仅是权宜之计。要想设计好标题，需要在日常工作中不断精益求精，实实在在地掌握各项工作的逻辑关系，这样才能真正把握好各项工作相互之间的关联性。

小贴士

　　当下，无论是在网络上，还是在各类关于公文写作的书籍中，都会有很多标题被罗列出来，供读者选择。这固然是一种偷懒的方式，但如何从中选出合适的标题，还需要我们根据对工作的认识和理解，在梳理逻辑后，谨慎选择并加以改进。

第 7 章

公文语言的高阶攻略

公文语言是一门艺术。正确的写作方式与表达技巧，可以帮助我们更有效地表达观点，为工作推进提供助力。而在表达上如果出现偏离，则容易导致文稿达不到预期目的。

本章的高阶攻略，并不是公文写作的技巧和方法，而是从具体的工作要求出发，结合公文写作的目的意义，讨论运用公文语言应当注意的事项，以及一些需要回避的错误。

7.1 话不能乱说：正确表达思想主旨

理论上，公文的思想主旨应当是直白而明确的，并且可以简单地体现在字里行间。但实际上，我们需要考虑各方面的具体情况，正确表达，而不能完全直抒胸臆，否则容易适得其反。

要正确表达思想主旨，必须注意以下几个关键点。

7.1.1 不可陷己于争议

公文材料承载着相应的目的，而这些目的都来自工作要求。

我们撰写请示并提交上去，是为了寻求上级的支持与帮助，从而推进工作；我们撰写通知方案，是为了组织开展好某项具体活动，从而完成工作任务。这些事情绝大部分都是以"公对公"形式出现的，很少掺杂我们个人或者某个小单位小集体的利益纠葛。

而在实际中，为了开展好一项工作，我们需要考虑很多因素，甚至要面对许多矛盾。为了不让这些矛盾影响工作的推进，我们需要在一定程度上更改语言表述，回避容易引起争议的部分，准确表达出自身的观点。

以下文的案例为示范：

案例7.1

各相关单位：

根据区委、区政府××会议精神，按照区主要领导的指示，我局牵头负责××工作。但我局属于××部门，缺乏××、××等职能设置，无法对××等管理对象采取相应的强制措施。

根据××三定方案，贵单位负有××、××等履职责任。先请贵单位结合自身职责范围，对附件1的企业单位采取××等措施，并于×月×日之前将落实情况报送我局××。联系电话：×××。

从上述这个通知文稿可以看出行文单位的一些无奈。显然这是某单位对外发出的"求助"信息，但因为表达方式问题，行文单位将自己陷入了"不利"的境地。

首先，上级领导已经指示由"我局"承担该项工作，而"我局"却明确表示无能为力，言语间甚至让人感觉到行文单位认为上级"决策不科学"。

其次，"我局"仅仅根据三定方案就"草率而武断"地对其他单位的职责定位和工作模式做了判断，没有考虑实际情况。

最后，"我局"甚至还以"稳坐钓鱼台"的姿态，要求其他单位去"干活"，缺乏参与其中的意识。

这里最大的问题在于，行文单位与其他单位之间的争议以文字的形式表达了出来。在实践中，这类问题一般情况下并不适宜用平级之间的文书沟通，而需要由共同的上级来"裁定"。

否则，将导致自己陷入"争议"，不但无益于事情的解决，而且为今后更多的事权争议留下隐患。

> 各单位之间的事权归属争议是永不停息的话题。虽然围绕一些麻烦事的责任归属问题，相互之间吵得"面红耳赤"是常见现象，但这并不意味着可以如此"赤裸裸"地在平级公函中表达出来。

为此，我们可以换一种写法：

各相关单位：

根据区委、区政府××会议精神，按照区主要领导的指示，我局牵头负责××工作。对此，我局高度重视，积极履职，目前已经完成了××等前期工作。

但我局属于××部门，缺乏××、××等职能设置，无法对××等管理对象采取相应的强制措施。

为进一步推进××工作开展，打造××的良好环境，现恳请贵单位结合自身职责范围，对附件1的企业单位采取××等措施，并于×月×日之前将落实情况报送我局××，我局将第一时间报送区分管领导。联系电话：×××。

改写后的文稿突出了不同的侧重点，说明"我局"是从工作大局角度考虑这项工作，并且表达了"自己已经尽力了"这样的诚意。与第一种表述方式相比，此类表述可以更好地回避掉原本的利益争议，有机会争取到更有力的外部支持。对于材料的受众而言，这样的表述方式也更容易被接受，从而有更强的配合意愿。

这两种表述的差距在于我们撰写稿件的时候，选择从哪个角度出发去阐述同一件事情。如果其中的一种表述方式，容易导致己方"陷入不义"，则必须要想方设法予以避免。而最常见的方式，就是上文所述的调整侧重点，在目的不变的前提下巧妙转变论述的依据。

小贴士

当然，从公文写作角度看，这些事情我们尽力就好。如果以为仅靠一些文字游戏就能改变工作格局，那也未免将世事看得太简单。

我们可以对比一组案例：

案例7.2

自×月×日省××督查组暗访我县，并指出建筑施工扬尘污染问题突出后，我局按照××指示精神，第一时间联合县住建局、县综合执法局以及相关乡镇（街道），通过实施专项督查、开展联合执法、落实差别化管理等一系列举措，取得了较好的成效。

但是在整治过程中，我们发现该问题的反弹现象仍然较为严重。究其原因，主要是工作合力尚未形成、协调效率有待提升、工作方法还需要进一步完善等。再加上渣土车辆监管困难等因素，治理难度仍然较大。

这段话出自一份汇报稿，主要分析了建筑施工扬尘污染问题难以整治的原因。这份报告的特色，是将该问题归因于"我们"自己身上，充满了"刀刃向内"的色彩。如果仅仅对自己范围的工作坦诚"不足"，那还算是勉强可以；但如果将文中提到的"住建局""综合执法局"一并"拉下水"，那就需要多加斟酌。

事实上，我们可以使用另外一种写法：

自×月×日省××督查组暗访我县，并指出建筑施工扬尘污染问题突出后，我局按照××指示精神，第一时间联合县住建局、县综合执法局以及相关乡镇（街道），通过实施专项督查、开展联合执法、落实差别化管理等一系列举措，取得了较好的成效。

但是在整治过程中，我们发现该问题的反弹现象仍然较为严重。究其原因，主要是当前建筑施工工地数量庞大，监管任务量十分庞大；工地现场管理人员普遍缺乏扬尘管理意识，落实主体责任的能动性不足；外地渣土车辆监管困难，运输过程中的扬尘现象亟待遏制等。另外，当前各部门的合力还有待加强，对于建筑工地扬尘污染的常态化管理机制还需要进一步探索实践。

上面两种说法，同样是从不同角度出发探讨问题，但在归结原因的时候，第一种说法突出的是自身主观层面的问题和不足，淡化了客观层面的困难和问题；而第二种说法突出的则是外部客观环境的影响制约，而淡化了主观层面的问题和不足。也就是说，两种说法倾向性不同。

在不同的场合下，我们分析某个问题的侧重点是不一样的。比如，在上级领导组织的分析会上，我们会倾向于分析客观方面的问题，主要是需要上级帮助我们协调解决客观层面的制约因素，从而发挥更大的作用。如果是在内部的民主生活会或者相关批评与自我批评的场合，我们就可以多谈一些主观层面的因素，来更好地剖析自身存在的不足。

当然，在绝大部分场合之下，我们对问题的表述都会倾向于归结客观原因。但是，在某些特定场合之下，也会考虑从主观方面的角度去评判。也就是说，在同样的问题面前，如何分析原因取决于不同的场合。但是对文稿起草人而言，当自己可能要陷于不义之时，就必须得再三考虑，避免因为材料上的文字而"捅了娄子。"

小贴士

各位读者可以回顾一下本书第 5 章第 2 节关于归因方式的描述，或许有更加直观贴切的认识。

7.1.2　不可妄议他人

除了"不能害己"外，还要注意不可"害人"。对涉及外部因素，影响到其他地区、其他单位、其他人员的表述，千万要慎重，不能妄加评判。

我们看一则案例：

案例7.3

某县市场监管部门在一次总结汇报稿中，针对相关行业部门的履职情况做出如下分析：

与以 ×× 为目标的 ×× 监管体系建设要求相比，当前仍有相关行业主管部门未能正确履行好职责。县教育局因相关硬件设施保障不到位，对 ×× 食品安全问题整改迟迟不能推进；

县商务局因人员队伍配备不健全，对××督导整治不到位；县交通局因与市级部门及相关单位的职能边界不清晰，对××监管还缺乏力度。

上述这种分析方式，实际上是站在自己的角度，不负责任地对其他单位的工作情况加以评价。在一场会议上，如果出现这样的语句表述，很容易引起不必要的矛盾和冲突。特别是对方的具体情况我们并不太清楚，如果直接替对方做出判断，容易给双方造成极大的麻烦。

因为在政府的工作体系中，每个单位、每个团队、每位个人都有各自不同的工作职责和范围，互相之间有着截然不同的价值目标、工作习惯和处事方法。很多情况下，两个单位即使是门挨门，也有可能完全不熟悉对方日常工作的内容、特点和方法，也就是所谓的"隔行如隔山"。因此，在现实中，既不能要求他人完全理解和支持我们的工作，也不能自认为可以对他人的工作指指点点。

小贴士

在很多场合都会听到领导要求我们要有大局观，要站在全局角度看待问题。这也说明，真正能超脱于自己的"一亩三分地"外，对其他方面的工作有认识和理解的少之又少。

也正因为如此，我们在文稿中就不能武断地去阐述本就不应当由我们去阐述的事情。

对于案例7.3，我们完全可以换一种表达方式：

与以 ×× 为目标的 ×× 体系建设要求相比，当前仍有相关行业未能达到要求标准。比如，校园 ×× 整治推进较慢，×× 等经营场所整治尚不到位，个别交通 ×× 的监管力度有待加大。

通过这样的处理，就可以回避掉其他单位，而将焦点放在具体事务上。这样一来，不但不会代替其他单位做判断，而且能将话题递交过去，让这些单位在会议上自己解释说明，既有利于工作的推进，又避免了矛盾的产生。

这其实也在提醒我们，公文写作依附于具体的实践工作而存在，在各项业务工作中需要注意的禁忌，在写作的时候也要多一个心眼。否则所引发的负面结果或矛盾冲突可能不是一篇文章所能平息的。

7.1.3　不可发惊人之语

公文材料的语言要谨慎，要精准。因此，除了有数据支撑的定量表述之外，公文材料在对事物"程度"方面的表达也偏向保守，更多地采取一些相对而言不会引起争议的词汇，有一种"点到即可"的意味。

比如，在表述成绩方面，我们往往会说"取得了较好的成绩""取得了良好的成效"，而谨慎使用"取得了优异的成绩""取得了显著的成效"这类表述。因为后者在语言表达程度上过于夸张，除非这些成绩（成效）确实远远超出一般的期待。

比如，在分析问题的时候，我们会介绍某因素"有较大的影响""起着较为重要的作用"，而不会直接说"有关键性的制约"，或者"起着决定性的作用"。因为后者在语言表达程度上过于夸张，除非这些问题确实有"牵一发而动全身"的作用。

对某一个因素太过突出，实际上是一种"草率行事"的做法。这类语言特别突出了某些因素对某件事情的影响作用，虽然在一定程度上突出了某个具体因素的影响程度，在叙事表达上并没有太大的问题，但容易带来另一些问题，比如语言风格过于"简单粗暴"，对情况的表述过于"绝对化"或者"理想化"。特别是在遇到复杂问题的时候，这类表达方式容易造成不必要的麻烦。因为这些问题的背后有多种因素相互交织作用，而不是单纯的一两个原因。过于侧重某一个因素，容易导致我们对整体形势的判断出现失误。

小贴士

比如，我们向领导汇报某项工作开展情况，并分析工作遇到的问题主要有那么三四个。如果我们在分析过程中过于强调其中某个问题的重要性，将其夸大成决定成败的关键，这个问题便容易引起领导的重视。事后，如果领导通过努力将该问题解决，而我们在下一步工作中又遇到其他问题导致这项工作仍然未能如期推进，就容易陷自己于难堪境地。

另外，语出惊人，也就意味着"掉头"更难。如果没有必要，我们更希望在处理问题的过程中给自己留有回旋的余地。

7.2 智慧的考验：如何全面展现成绩

前文提及，公文写作有四大目的，其中展现成绩是最常见的目的，也是领导最关心或者最重视的部分。

如何充分展现工作成果，以求更加全面而客观的评价，也是最令人头疼的部分。

有些领导感觉成绩还不足，千方百计想再挖掘一些新颖的点，来凸显工作成效和价值。

有些领导觉得成绩的排列组合没有新意，还没有清晰概括出过去一段时间的创新成果。

也有些领导会认为现有成绩在语言表达上还不够有新意，在与"同僚们"的比较中难以占得先机。

这些问题都考验着领导层的智慧，也考验着写作团队的素养和能力。当然，成绩如何提炼和表述，有各种不同的方法和途径，归根结底取决于客观上是否确实做出了一番成就，但其中也有一些方法和技巧，下面略做分享。

7.2.1　巧妙借用错位成绩

我们做了 A，同时也做了 B，两者共同促成了较好的结果 C。而其中，B 可能因为各种原因，并不太适合拿去大张旗鼓地宣传，于是便出现了"过程"与"结果"相脱离的尴尬。

也就是说：

如果我们只讲 A，那可能意味着这件事并没有直接的产出成果，导致工作很努力、投入很高，但直观成果却显现不出来，工作投入与直接产出相脱离。

但我们选择去讲 C 这个结果，却发现支撑起 C 的举措又不够，因为 C 背后的 B "登不了大雅之堂"，或者实际上也并不算出彩。

对此，我们可以巧妙地借用错位的方式，用 A 的举措来支撑起 C 的结果。

我们可以看一则案例：

案例7.4

某街道辖区内一家工业龙头企业，因成功接下一宗大订单，其当年度产值翻了三番，进而帮助该街道当年度工业增加值考核位列全县第一。为此，该街道撰写了一篇经验信息，详细介绍其如何扶持发展辖区工业经济，内容如下：

今年以来，××街道深入贯彻××战略，坚持以××，多措并举，推动辖区工业经济实现跨越式发展。全年实现工业增加值××亿元，增速××%，均名列全县第一。

一是突出重点，调控措施更有效。（略）

二是优化机制，龙头帮扶更精准。（略）

三是拓展渠道，要素供给更灵活。（略）

四是强化服务，政企联动更紧密。（略）

上文的案例是一篇经验信息，其基础是工作取得的成绩。但实际上，该街道的成绩凭借的主要是龙头企业偶然性的一笔订单，与文稿中提出来的四项举措并没有直接的关联。

但是，我们也可以发现，单单从文字信息内部的逻辑看，两者似乎也能对应起来。虽然这里的因果关系有一定的偏差，但至少它们之间确实存在着关联性。也就是说，"顶在前面的成绩"与"支撑起成绩的做法"两大板块，虽然没有直接的因果关系，但勉强说得过去。这个案例启示我们，可以巧妙地借用"错位"成绩，为文字材料赢得关注。

但如果成绩与举措之间毫无关联，就很难用这种办法来处理问题。

在实践中，我们也可以用很多灵活的方式处理成绩与举措之间的关系。比如，我们采取了三项举措，且相互之间有一定的关联性。虽然可能只有其中一项举措取得了良好的成效与回报，但我们在写稿的时候，完全可以将三项举措包装到一起，从而使稿件显得更加丰满。

> **小贴士**
>
> 前文介绍的手段和方法，仅仅是站在公文写作的角度针对文字处理的一些经验做法。对于工作实务，我们还是要树立正确的价值观和政绩观，用真实的成绩展现自身的水平能力，用客观的态度来评价工作的成效，而不能沉迷于这种文字游戏。

7.2.2　功劳与苦劳的辨析

我们常说，没有功劳也有苦劳。

在现实中，功劳是最重要的，展现的是领导的眼光、能力和手腕，而苦劳则展现了领导的担当、坚毅与勇气。无论身处什么岗位，我们总干了一些事情，总有一些值得说一说的东西。不管是一鸣惊人、光鲜亮眼的"功劳"，还是默默无闻、平凡无奇的"苦劳"，都会留下一些痕迹。功劳当然是必须要全面概括并展现的，苦劳自然也要"颗粒归仓"。

所以，我们要根据日常情况想办法写好"功劳"与"苦劳"。原则也很简单：突出功劳，不忘苦劳。

将令人瞩目的功劳写在前面，分量加重，但描述可以简略；将普通平凡的苦劳写在后面，分量宜轻，但描述却可以相对复杂。

我们以下文的简单案例来说明：

案例7.5

在某区房管办的年度总结上，有一段关于业务工作的描述，如下所示：

三、深耕细作，党建引领水平再上新台阶

一是红色物业创建不断深化。深入推进"党建+"模式在基层发挥作用，率全市之先成立了党支部，并建成全市第一个物业党建之家。二是房屋安全管理全面强化。隐患排查机制创新优化，有效整合了风险管控的全闭环管理流程，开展了旧房屋修缮排查，确保居民身边的安全隐患得到有效消除。三是物业考核开拓全新局面。重新编制了全县物业机构考核方案，组织开展了内容更加丰富、程序更加公平、激励更加有效的物业××大活动，辖区物业管理水平得到明显提升。四是疫情防控举措长效管理。狠抓住宅小区疫情防控不放松，实施了制度化管理，各小区出入口检查进一步加强；强化了对公共区域、公共设施、居民楼道等重点区域的消毒管理，定期开展专项检查，确保防控漏洞及时发现并整改。

案例7.5是典型的成绩表述方法，也进行了一定程度的文字提炼，整体内容相对比较成熟。观察其四个不同部分的成绩表述，可以发现前三个部分相对偏向于"功劳"的性质，带有一种创新性、率先性、独特性色彩。因此，在组织文字的时候，也相对做了亮点的提炼。比如，突出了"率先""创新""大活

动"等容易吸引眼球的字眼，有较好的展现效果。相比而言，第四点的内容则相对日常化，虽然也有很重要的实际意义，但却有一种"大家都干了""干得中规中矩""不算好也不算差"的意味。所以，在这一方面，文字内容相对较多一些。

这种差异，我们可以做简单的理解：有亮点的工作，只要有体现其特殊性的一句话即可，无须过多解释；而平常的工作，则需要添加更多的内容，才能展现出我们的付出，从而获得客观公正的评价。

因此，我们在撰写成绩部分时，也要注意区分两种不同性质的内容是"自带光环"的，还是需要我们精心打扮过一番之后才能"粉墨登场"的。性质不同，撰写和处理的方式自然也会不同。

小贴士

仅仅从案例7.5的内容看，第四点如果费一些心思去提炼几个关键词，或许也能获得更高的评价。但如果选择了不去润色，或者没有好的提炼方法，那么多写一些字数也是正确的应对方法。

7.2.3 区分有结果与进行中

在现实中，有些工作已经取得了预期的结果，自然可以如实描述出来，堂堂正正地将这些结果作为成绩加以展现。

但同时，也有一些工作仍然在开展过程中，目前还没有很清晰的结果，自然也无法谈论成绩的多少，更没有可供吹嘘的资本。对于这种情况，我们可以采用多讲过程少讲结果的办法，将重点放在做事的过程中，凸显过程的艰辛，避免结果没话可讲的问题。

我们仍然围绕案例7.5来分析。现假设该县房管局关于红色物业、房屋安全管理和物业考核等前三项工作均未完成，仍然在进行中，又到了该总结的时间点，必须要写出一份总结，该如何处理呢？

我们可以形成下文的"变体"：

一是红色物业创建有序推进。有力推进了××物业党建之家的建设进度，进一步推动"党建+"模式在基层发挥作用，并在××党支部等新事物的谋划上走在全市前列。二是房屋安全强化得到提升。加快了房屋风险管控的机制调整，进一步推进各个风险管控的流程整合，制订了旧房屋修缮排查工作方案，为下一步全县大排查活动的开展奠定了基础。三是考核创新步伐不断加快。物业机构考核新方案编制工作推进力度加大，物业××大活动相关前期准备工作顺利推进。

上述案例的改变，完全是因为我们所要讲述的工作由已经完成变为正在推进且没有明确的阶段性时间点。我们可以将任何一项工作分为进行中和已完成两种类型。如果是正在进行的，那么就需要有一些表达方面的技巧。

首先，区分工作结果是务虚笼统的还是务实可衡量的。如果是比较务虚且笼统的，那就直接放上去。比如上述案例中的"党建+模式在基层发挥作用"，这类表述就是相对笼统的，无论该项工作是否完成，都可以用这类语句，不会出现明显的差错。

其次，退一步"海阔天空"。如果某个标志性的节点还没有达到，导致该项工作无法成为可以展现的成绩，那么我们就退回到上一步的节点。比如，某个活动还没开展，我们就多谈谈活动方案的制订；某个机制尚未建立，我们就多谈谈前期的思考谋划。如此便可以回避掉时间节点未达到的尴尬。

最后，实在不行就多讲讲谋划思考。将一些还没有眉目的工作内容，归结为正在思考谋划，也是一种不得已但还算行之有效的处理方式。

值得一提的是，如果有必要，可以讲讲过程的艰辛。比如，克服 ×× 困难，实现了 ×× 节点等，说明某些工作虽然还没有最终结果，但我们在工作过程中十分努力，费了很大力气。

> **小贴士**
>
> 　　一些工作正在推进中，暂时没有成果，其实是一件十分正常的事情。我们在撰写文稿的时候，也可以考虑是否需要描述出过程性的内容。

7.3　推敲的奥妙：细微之处有大区别

公文材料中的内容往往是需要推敲组合的，通过不同的内容设计安排，可以达到超出预期的效果。而这种推敲的出发点，其实是不同目的的具体化，在实际工作中也会体现出不同的侧重点。

7.3.1　修饰真实目标

一些公文材料的写作目的是解决问题并推进工作，而在这一过程中可能需要调动他人的力量来完成自身的工作任务。但是在实际中，有些出发点或者初衷显得并不那么名正言顺，或者并不那么天经地义，容易引起争议。我们表达这些意见的时候，必须斟酌用句用词。

案例7.6

某日，某单位发了这么一条通知：

各相关单位：

今年以来，随着××人员数量日趋增多，我局××审核岗位力量有限，难以按照规定及时完成××审核。为进一步提高工作效率，减轻办件积压，经研究决定，于×月×日起，所有申请××的人员，应在申请前填写××表格。逾期视为放弃申请。

从通知内容看，该单位的意图是减少自身工作量，以保证工作流程效率不受影响，但这种意图过于明显，容易引来外界争议。为此，我们可以更改一下描述方式，以更隐蔽的表达达到目的。下面是改过的通知：

各相关单位：

为进一步提高××审核流程效率，减少××支出，改进××机制，更好地服务广大职工，我部门经研究决定，于×月×日起，实行××审核机制，即所有申请××的人员，应在申请前填写××表格。逾期将有可能影响服务的及时性。

经过修饰之后的文稿，更好地展现了我们的姿态。站在"道德制高点"上换了一套说辞之后，我们就不再是原来那副只顾着追求"自己方便"的形象了，而是从"更好地履行职责"这个角度出发，使问题的表述更加温和，更容易被接受。

同时，这种表述方式也能减少下一步工作中可能遇到的困难和阻力，自然也更有利于完成工作任务。

当然，这一套推敲技巧并非要求大家追求"冠冕堂皇"的修饰，而是要表达出我们的初衷是从工作大局出发，一切皆是公事，不带任何私人恩怨与利益。为了不让我们受到外界的误解，也为了避免不必要的麻烦，这些修饰在实践中是必要的。

7.3.2 先抑后扬

在少数场合之下，我们可能要面对一些具有"失败意味"的文字，需要处理一些令我们自己难堪的事务。

比如，对工作失误的分析与复盘，就意味着直面问题。

比如，对某个事件的解释与说明，就意味着明晰责任。

比如，对一些过错的反思与检讨，就意味着承认错误。

所谓"人生不如意十之八九"，我们难免会遇到这类比较少见而棘手的问题，并且需要通过文字材料的形式来处理。于是，就出现了一批与公文材料主流目的不相符合，且容易令我们感到"尴尬"的文稿。

这类文稿需要文字内容稳妥谨慎，同时在框架布局上又要做到"先抑后扬"，其表达的逻辑意思就是"虽然某件事目前做错了或者做得不好，但更重要的是，我们以后一定会更好"。因此，在框架构筑与文字组合方面，前后部分需要注意的问题是不一样的。

前面剖析问题部分，内容上要言简意赅，注重对客观事物的准确表达，体现的是"冷静"的自我抑制。而后面表态部分，则需要有更高的调门和气势，从而达到"后扬"的效果。

具体在文字表述方面，需要我们斟酌推敲不同部分的表达方式。

我们以下文一则案例作为示范：

案例7.7

某县投促中心因前期工作不到位，致使某重点招引项目外流，受到领导严厉批评。根据上级指示，该单位需要撰写一份情况说明。如果按部就班，可能会写出这样的稿件：

×月×日，我中心根据领导指示，积极对接××项目业主单位××，初步掌握项目基本情况。×月×日，我中心牵头召集××、××、××等部门，就该项目的商业模式、落地选址、政策条件、指标门槛等事项进行研究，确定了协议内容。×月×日，我中心牵头组织招商队伍，在县分管领导带领下，赴××开展招商谈判，确定××、××等相关条件。×月×日，业主单位通知我中心，建议对××、××、××等条件加以修改。我中心向县领导汇报后，认为相关条件尚未成熟。×月×日、×月×日、×月×日，我中心陆续三次与业主单位联系，都未取得预期进展。×月×日，我中心得悉业主单位已与××县签订招商意向协议。

在此次招商工作中，我中心表现出了政策宣传不够到位、对接沟通不够积极、信息跟踪不够紧密等问题。对此，下一步我中心将以此次事件为借鉴，充分吸取经验教训，进一步改进工作方法，全力以赴抓好今后的项目招商工作。

经过斟酌和推敲之后，我们写出另一种模式，可以对比一下：

×月×日，我中心根据领导指示，积极对接××项目业主单位××，初步掌握项目基本情况。×月×日，我中心牵头召集××、××、××等部门，就该项目的商业模式、落地选址、政策条件、指标门槛等事项进行研究，确定了协议内容。×月×日，在县分管领导带领下，我中心组队赴××开展招商谈判。×月×日，根据县领导的意见，继续与业主单位就××、××、××等争议条款进行磋商。×月×日后，我中心多次与业主单位联系，并及时向县领导汇报，但均未取得预期进展。×月×日，我中心得悉业主单位已与××县签订招商意向协议。

在此次招商工作中，我中心表现出了政策宣传不够到位、对接沟通不够积极、信息跟踪不够紧密等问题。对此，我中心高度重视，第一时间召集全体会议，传达上级领导相关指示精神，并部署问题整改工作。

下一步，我中心将以此次事件为鉴，充分吸取经验教训，继续改进工作方式方法。一是完善项目盯引机制。成立××工作组，针对每一个重点招商引资项目，指定专人负责，确保将××等责任落实到人。二是畅通信息沟通渠道。搭建招商项目信息日更新、周通报、月汇报的工作机制……确保各类重要信息高效传达。三是强化部门协调联动。加大与相关行业主管部门沟通力度，实行部门间定期联席会议机制……四是加强团队能力建设。定期召集××会议，传达和学习最新招商政策，提高招商团队战斗力。

两种不同的构思和写作模式，形成的稿件也会给人不同的感受。修改前的稿件，对事情经过的分析比较复杂，但是在问题总结方面以及下一步改进方面却显得十分敷衍，给人一种

"只认错不改正"的印象。润色修改后的稿件，在表达上有所改进，主要是在下一步整改方面做了明显的充实和提升，更好地体现出"亡羊补牢，为时未晚"的表达方向。

小贴士

对于上级领导而言，安排此类稿件并不是想对已过去事件追责，而是要一个改正的态度。因此，应当将更多的笔墨花在下一步的改进措施上，而不是停留在"就事论事"的角度。相比较而言，如果是上级要求就这件事情做情况说明，那我们的注意力就要放在前面的部分，不需要就"下一步怎么做"做任何说明。

7.3.3 请示件中的奥妙

按照公文流程规范，请示必须是一事一请，不能在请示件中"夹带私货"。但在实践中，如果过于死板地遵循这项规则，很容易将简单事情复杂化，大大降低工作效率。

因此，我们需要在请示件中增加一些内容，用暗度陈仓的方式将我们的意见原原本本、清清楚楚、彻彻底底表达出来。

看看下面的案例：

案例7.8

某局根据上级领导的指示牵头编制某项规划文本，考虑到时间紧等因素，准备不经相关招投标等程序，直接委托某设计单位开展工作。

相关请示如下：

××市人民政府：

根据××会议领导指示精神，我局承担××规划编制任务。该项工作时间紧、任务重，且具备相应资质的第三方机构较少，我局拟参照××、××等周边地市的经验，将该项工作直接委托给××公司，编制经费约××万元，由区财政负责保障。

以上请示事项妥否，请批示。

上述请示文件十分简短，但是文件中已经包含了两层意思——"安排资金"和"直接委托"。这份请示件的目的，在于得到上级领导的背书，从而转移责任，为今后可能遇到的资金审计提供良好的应对渠道。

其实，我们还可以考虑更多的问题，而这些问题也可以一并在请示件中予以明确，比如：

××市人民政府：

根据××会议领导指示精神，我局承担××规划编制任务。该项工作时间紧、任务重，且具备相应资质的第三方机构较少，我局拟参照××、××等周边地市的经验，将该项工作直接委托于××公司，编制经费约××万元，由区财政负责保障。规划编制工作方案如附件所示。

以上请示事项妥否，请批示。

这份请示加了一份附件，附件中将规划编制的内容予以明确，也就意味着增加了一道新的"保险"，我们可以得到更多领导的认可。而这里的附件，可以起到很多作用。比如，可以在方案中直接明确其他单位需要配合的事项，这样可以为今后的工作开展提供依据，省去了很多麻烦。只要领导批复同意，那么我们不但解决了资金问题、直接委托问题，还可以更加理直气壮地去跟其他部门交涉，为下一步规划编制资料搜集奠定基础。

小贴士

　　这类文字推敲的必要性，以及推敲的方向和重点，或许已经超出了一名"笔杆子"的职责范围，也并不是文字工作需要考虑的内容。但是，对于文字工作者而言，能够发现并提出这样的问题，对于面上工作的开展以及个人成长肯定是大有裨益的。

实例篇

第8章

一年几度又逢君：工作总结

从本章开始，将进入本书的第三个篇章——实战案例的全过程解析。这类解析将围绕某个具体场景，从框架到文字，再到一些必要的推敲与润色，向各位读者介绍一篇公文材料诞生的全过程。

8.1 起因：时间到了就要写总结

年度过半，根据惯例，某国有林场管委会要撰写一份半年度总结，这个任务自然就落到了我们"笔杆子"的头上。

围绕这篇半年度总结，我们需要梳理思路、整理素材、明确表述，再加以琢磨和推敲，形成一篇完整的总结文本。

8.1.1　先有直观的了解

本章将模拟情景设定为某国有林场管委会。该林场的工作职责主要是培育和保护森林资源，具体而言，涵盖了辖区内动植物的管理保护、护林体系的建设管理、林业生产的指导管理、配合农业农村局和自然资源局等部门的相关管理工作，以及开展特色种植养殖等工作。单位内部设有办公室、森保科、营林科、计财科、综治办，下设一个茶场。

站在局外人的角度看，林场是相对较为冷门的单位，很难有特别出彩的业绩，所从事的工作大部分也是日常性的。

通过我们日常的观察和了解，该林场上半年以来，主要在以下三项工作中投入了比较多的人力和精力：

一是开展了一次安全生产"大排查大整治"专项行动，花了较多的时间，整个管委会上下一起发动，所以每个人都记忆犹新。

二是争取到了上级的一些资金，启动了几个项目的建设，总算是把多年前就想做但始终没能做的事启动起来了。

三是跟周边的一个住宅小区合作，搞了一次声势比较大的宣传活动，算是取得了预期的成效。

其余均是相对较为日常的工作内容，不能说乏善可陈，至少本身并不具有独特性、排他性或者创新性的亮点。

同时，林场所面临的问题，也几乎是老生常谈了。比如林场面积大所带来的任务繁重，队伍专业能力不足、技术落后等。这些问题存在多年，而且迟迟得不到根本性解决，所以每年或多或少都会写一些。

至于下半年的工作，从领导的计划安排和一些内部讲话看，相对重要的有护林员网格监管体系重建、森林火灾防控制度修订、茶场经营权历史遗留问题研究和解决等，其余也都是一些日常工作内容。

当然，这些是我们作为内部"笔杆子"观察或者体会到的直观性内容，并不代表已经全面掌握了所有信息，但能保证重点内容不会遗漏。

小贴士

单位的"笔杆子"一般都身处诸如办公室或者综合科这样的信息枢纽岗位，能接触到来自各条业务线的信息，对单位的工作重心有基本的理解和认识。

8.1.2 明白写作的原则

对于这类任务，我们在动笔之前，自然要先在脑子里过一下原则性的问题：

首先，我们自然明白工作总结的任务就是展现成绩，需要好好回顾和梳理上半年做了些什么事，然后按照一定的框架结构加以组合，避免将工作总结写成死板的流水账。通过组合，可以归纳出几个大点，再安排几个小点，从而体现出一定的逻辑性。

其次，这种半年度总结也是例行公事，领导并不指望我们"写出花"来，也不可能指望这篇总结能够吸引谁谁谁的眼球。这也是总结类文章与经验式信息两种文体的最大区别，我们并不需要在前者这类常规性文稿中投入过多的时间和精力去精雕细琢。

最后，半年度总结必须要将各条线上的业务囊括进去，要做到面面俱到。在布局和描述上，我们可以根据文稿整体的需要而厚此薄彼，但不能直接遗漏，否则容易引起内部的不满和矛盾。

小贴士

虽然一个团队内部工作有轻有重，但也不能因此而遗漏看上去"不重要"的内容。如果一些部门或者同事发现自己半年来的努力在单位整体工作总结中没有只字体现，恐怕会心生不满，造成不必要的误会与矛盾。

8.1.3 看看素材怎么样

写稿件的第一件事自然是要寻找素材。

这些素材包括什么呢？

首先是内部各个科室的半年度总结。在单位正常的运转模式之下，撰写整个单位的工作总结，意味着下属每个科室都要将自己的总结材料写好，再予以汇总，供"笔杆子"加以梳理和归纳。当然，也有一些单位并不重视这类总结性材料，或许内部相关部门并没有这类总结，需要我们从日常工作中搜集。

其次是半年度以来相关的信息材料。在日常工作中，我们完成了一些相对比较重要的事情，就会撰写并报送一些信息简讯。这类信息简讯具有很重要的素材价值，特别是部分重要活动，我们可以通过当时报送的信息素材做一些回顾，从而为总结材料的形成奠定基础。

最后是过去的总结文本，包括前几年的半年度总结和年度总结等。如果我们是单位里的新人，对单位各项工作的格局不太清楚，甚至不知道孰轻孰重、孰先孰后，那么便可以从以前的总结材料中寻找谋篇布局的方法。

小贴士

上述的素材搜集工作本身在公文写作这件事之外，但是却决定了写作的成果。所谓"巧妇难为无米之炊"，撰写总结类材料最大的苦恼就是没有素材作为基础。"笔杆子"如果在工作中只知道"闭门造车"，那肯定是干不明白也写不清楚的。

如今，根据领导的指示，我们从其他部门搜集到了相关的素材。这些素材有的粗有的细，有的多有的少，有的价值高有的基本没啥用，它们的质量取决于这些部门的配合程度、业务能力，以及各自的基础工作成效是否丰富等。

我们先梳理一下各方面提供的资料：

1. 办公室

"笔杆子"的岗位一般都在办公室，而办公室一般都是偏向内务性质的日常工作内容，再加上一些党建人事或者学习培训方面的具体事务等。

经过搜集，我们得到了四份素材：

（1）关于2月一场党史学习教育专题民主生活会的情况报告。

（2）5月一场党风廉政工作推进会议的信息。

（3）春节期间走访慰问困难党员。

（4）"三八"期间女职工活动等台账。

同时，办公室主任接受"采访"时提到：办公室平时就办文办会，没什么值得说的。至于下半年嘛，主要是党支部要换届了，还要再搞一次主题党日活动。

2. 森保科

该科室认真整理了过去半年以来的工作资料，形成如下条目式内容：

（5）开展了一次安全生产"大排查大整治"专项行动。（印象比较深刻的事）

（6）处理破坏林地××等×起事件，处理破坏林木×起事件。

（7）消防方面：制止村民烧土灰×起；张贴禁火令、发放禁火宣传单、节日挂防火横幅各××份；清理和维修×个消防水池、沉淀池和沉砂池；开展×次队员培训；组织各工区清理了墓地和电器设施，组织×次枯枝落叶清理，排除了×处火灾隐患。

（8）白蚁防治方面：对××等两处用房开展了白蚁××工作。

（9）后勤管理方面：对××护林点全面装修改造；对××

等房屋做了维修；对 × 等护林点配备了 ×× 等新装备（印象比较深刻的事）。

（10）配合林业局和资源规划局开展了一些培训活动。

至于下半年的工作，该科室并没有太多的思考，绕来绕去说了几句"高大上"的场面话，比如什么加快智慧系统建设，进一步加强各项工作力度等。

3. 营林科

该科室根据要求简单梳理了上半年的大致情况，形成如下条目式内容：

（11）清理了冰冻雪压树，涉及人工 ×× 人次，出动车辆 ×× 车次。

（12）茶园抚育，涉及面积 ×× 亩。

（13）苗木补植，涉及人工 ×× 余人次，具体包括林中空地苗木补植 ×× 株、生物防火林带苗木补植 ×× 余株、苗圃改造栽植山茶花和山樱花各 ×× 余株。

（14）抢险作业，涉及人工 ×× 人次，出动车辆 ×× 车次，并动用吊车 × 台。

（15）清理墓地 × 处，林道维修 ×× 公里等。

至于下半年的工作，科长表示并没有太多想法，基本是按照年初确定的计划继续推进，领导交代的事情尽量完成。

4. 计财科

该科室主要涉及财务资金方面的工作，工作重心和成效主要在于保障各类项目的资金供给。经过梳理，该科室认为上半年值得一提的事情主要有：

（16）为 ×× 护林点的应急通道建设争取到上级专项资金 ×× 万元。

（17）保障了 ×× 防（灭）火应急通道维修所需要的资金 ×× 万元。

（18）为 ×× 护林点的设备改造投入资金 × 万元。

（19）对 ×× 护林点的危房改建投入资金 × 万元。

下半年的工作重点仍然是保障资金的投入和运转。

5. 综治办

该科室工作内容相对单一，简单清楚，主要是：

（20）开展了一次平安建设工作推进会，联合 ×× 小区开展了平安创建宣传活动，发放了涉及疫情防控、禁毒、防溺水等一整套宣传资料，社会反响不错（印象比较深刻的事）。

除此之外，便是一些日常性的平安保障等事务。当然，该科室人比较少，对工作成绩也看得比较淡，强调"无事发生"便是好成绩。

6. 历史素材

我们搜集了单位过去年份的一些总结材料，也包括半年度总结、季度总结之类，对于单位的工作格局有了基本认识。由于林场管委会的工作性质比较稳定，年复一年，很少有重大变化，所以哪些工作相对重要、哪些工作相对次要是比较固定的。这也意味着我们的文稿应该怎么布局，以及哪个在前、哪个在后也是有一定之规的。

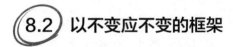

8.2 以不变应不变的框架

8.2.1 先定大框架

作为一份工作总结，大框架自然就是本书第 1 章的"从现状到问题到方法"。

具体而言，第一板块的内容比重会相对较大，第二板块的"问题"部分则相对较少，或者直接一两段话略过即可。第三板块的"下半年计划"部分，相对而言内容适中即可。

这种框架结构和内部比重的分配，与我们前期搜集到的素材也是高度一致的。比如在各科室提供的素材之中，对于过去部分的总结占了较大比重，对于未来的谋划基本没有，需要我们在起草文稿时发挥想象力。

无论如何，我们明确了这份工作总结的大框架："上半年工作情况—存在的问题—下半年工作计划"。

小贴士

工作总结的大框架十分固定，几乎不需要做什么思考。

8.2.2 再做小编排

结合本书第 2 章的"建构方法"，我们首先参考往年的总结确定字数应该在 2000 ～ 3000 字，也就是 4 ～ 6 页，框定了整篇总结的大概篇幅。

接着，我们按照"诉诸历史"的编排方式，按照过去单位总结的框架结构，在"求稳"的心态下，厘定半年度总结的布局进行以下排序：

安全生产最重要，排第一；林场管理相关事务排第二；项目建设附带计财的一些内容放第三；团队建设和内部事务放最后。

这个布局在一定程度上整合了各个科室的工作内容，而不是简单地按照科室设置来区分。要达到这样的目标，就需要我们对整个单位的工作，以及各科室的职责有一定的理解，使不同内容"各归各位"。

同时，按照往年的设计，问题部分要单独成段，而不是作为简单的一段话带过，所以我们也要写一段对于当前问题的表述。

最后，下半年的工作计划，因为相关科室没有明确的想法，所以我们按照上年度总结中关于今年计划的部分，选取一些内容，用来充实下半年工作计划的部分。或者直接用较为笼统的目标性描述语言支撑起这一板块。

通过上述这些步骤，我们搭建了工作总结的大概框架：

一、上半年工作总结

（一）安全生产方面

（4）+（5）+（6）+（7）+（19）

（二）林场管理方面

（10）+（11）+（12）+（13）

（三）项目建设方面

（8）+（14）+（15）+（16）+（17）+（18）

（四）团队建设方面

（1）+（2）+（3）+（9）

二、存在的问题和不足

林场面积大带来的任务繁重，队伍专业能力不足、技术落后，一共三点。

三、下半年工作计划

（一）安全生产方面

智慧系统建设多说几句，从去年的计划部分套几句，其他的"空对空"写一写。另外，要加上领导关注的森林火灾防控制度修订。

（二）林场管理方面

从去年的计划部分套几句，其他的"空对空"写一写。另外，要加上领导关注的护林员网格监管体系重建，以及茶场经营权历史遗留问题清理等。

（三）项目建设方面

从去年的计划部分套几句，其他的"空对空"写一写。

（四）团队建设方面

主题党日多讲几句，从去年的计划部分套几句，其他的"空对空"写一写。

8.2.3　需要注意平衡性

再对照本书第 3 章，我们对于工作总结的目的已经很熟悉，也知道总结的核心在于展现成绩，同时手上的素材大部分也符合这个核心目标，所以并不需要做太多的裁量。从内容上看，各科室的素材基本都是以回顾过去的工作成效为主，并没有自相矛盾之类的问题。

需要注意的是对各个板块篇幅的把握和控制。特别是林场管委会的很多工作偏向具体化，需要我们在合适的字数范围内加以调整和平衡，使文稿各板块内部有一定的平衡性。

8.3　开始文字的包装

8.3.1　首先要改写素材

对照本书第 4 章的要点，我们对各科室提供的素材加以提炼和精致化，剔除了口语化成分。在此基础上，按照前后点缀、无话找话等技巧和方法，针对一项项具体的工作业务总结出更多的成效。

我们尝试着将每句话做一个包装和转述：

原素材： 2 月一场党史学习教育专题民主生活会的情况报告。

我们通过分析这堂民主生活会的信息稿件，提取了一些必要信息，从而形成这么一句话：

按时召开了党史学习教育专题民主生活会，以深入学习贯彻习近平新时代中国特色社会主义思想为主题，高质量完成了党史学习主题教育任务。

原素材： 关于消防方面的工作记录，包括了制止村民烧土灰 × 起；张贴禁火令、发放禁火宣传单、节日挂防火横幅各 ×× 份；清理和维修 × 个消防水池、沉淀池和沉砂池；开展 × 次队员培训；组织各工区清理了墓地和电器设施，组织 × 次枯枝落叶清理，排除了 × 处火灾隐患。

经过处理之后，形成这么一段话：

全力加强消防安全管理。一是做好防火宣传。在 ×× 等重点场所张贴禁火令，发放禁火宣传单 ×× 份。同时，在 ××、×× 等重点防控节假日期间，悬挂防火横幅 ×× 条，形成了良好的宣传氛围。二是强化隐患管控。清理 × 处墓地和电器设施，组织开展 × 次枯枝落叶清理工作，排除火灾隐患共 × 处。三是提高防火能力，组织 ×× 队员开展了 × 次消防知识能力培训，清理和维修消防水池、沉淀池和沉砂池各 × 座，有效提升了消防应急处置能力。

当然，这里的"一是二是三是"仅仅是在消防安全这一块所做的编排。在最后的文稿里是否这样使用，还需要结合上下文来确定。

再举一个例子，关于苗木补植的内容。因为这句话内容比较简单，如果我们在总结中需要"扩充"内容，那就必须要加以描述，而不是"简而言之"了。

原素材：苗木补植，涉及人工××余人次，具体包括林中空地苗木补植××株、生物防火林带苗木补植××余株、苗圃改造栽植山茶花和山樱花各××余株。

这句话如此简单，在总结中甚至撑不起文稿的篇幅需求，必须做一些加工处理，适当地加以描述。处理后，可以形成这么一句话：

苗木补植工作在稳步进行中。针对当前林区××的问题，统筹人工资源，全面加快苗木补植的进度，上半年出动人工××余人次，共完成林中空地苗木补植××株、生物防火林补植××株、苗圃改造栽植山茶花和山樱花各××株，有效改善了林区生态环境体系，进一步强化了安全保障。

这段话可以进一步丰富素材的内容，不但在语言上更贴近公文材料的惯例，而且在字数上也可以满足稿件篇幅平衡性的需要。

小贴士

　　具体实践中，我们还需要根据文稿的实际情况来决定是否做这样的加工修饰。如果文稿本身比较"随意"，或者追求条目式的结构，自然就不需要再对文字做这样的润色处理。

　　在本案例中，我们针对上面所提供的总结性内容，以及相关的问题表述，都通过这样的方式加以包装。本章最后一节会展示包装后的"成品"，各位读者可以对比成稿中的内容表述与原来素材的说法，体会两者之间的区别。

　　还需要注意的是，我们在改写素材过程中，要把握好语句的时态。

　　本书第 5 章已经介绍过关于时态的注意事项，具体到本案例中，我们对于第一部分的内容要套上"完成时态"的表述规范，从而与第三部分的计划安排相区分。

　　比如，上面将素材进行处理后，我们再处理一下其时态，优化为下面这段话：

　　消防安全管理得到加强。一是防火宣传取得实效。在××等重点场所张贴禁火令，发放禁火宣传单××份。同时，在××、××等重点防控节假日期间，悬挂防火横幅××条，增强了社会各界的防火意识。二是隐患管控不断强化。完成×处墓地和电器设施的清理工作，开展了×次枯枝落叶清理工作，上半年共计排除火灾隐患×处。三是防火能力逐步提升。开展了×次消防知识能力培训，提升了队员的防火意识和处置能力；及时完成消防水池、沉淀池和沉砂池各×座的清理维修任务，强化了消防安全硬件保障。

在工作总结这一类文本中，完成时态的使用十分常见，主要作用是区分这些事情到底是已经完成了，还是下一步要努力去做的。在实践中，也有许多人不太注重这一点，但我们"笔杆子"对此要多加斟酌，不犯不必要的错误。

另外，在问题表述环节，还需要注意因果归结的表述方式，不要将单位面临的问题归结到主观因素上面去。比如，关于技术落后这一问题，与其将原因归结于自身团队学习积极性不足，或者培训不到位，不如尝试着这样写：

由于资金有限等客观因素制约，林区在森林资源管理方面仍然采用传统的"人防"手段，在日常工作中以人工巡逻等方式为主，"技防"体系建设仍处于探索阶段，离数字化管理要求还相差甚远，难以适应新形势下森林资源保护和管理等工作的要求。

上述的表述方式，站在客观角度评判一个问题的产生原因，而且是以简单准确的一句"资金有限"对该问题做了解释，自然也是一种正确的归因方式。

8.3.2 然后要锦上添花

对照本书第 6 章，我们还可以想办法让文章的亮点更加突出。但实际上，作为工作总结，我们很难在编排上"做出花"来，甚至也没有太大的必要，但是格式上的工整严谨自然是必要的。同时，关键词的提炼、标题的推敲，我们也需要有一定的思考和准备。也就是说，领导未必会对这类日常性文稿有过多的"亮点"追求，但如果我们提前做了，总比在事后被"追索"要好。

我们对大小标题做了提炼，然后注入了一些相对"高大上"的词汇作为关键词，从而形成了有一定质量的框架体系，达到了锦上添花的效果：

一、上半年工作情况

（一）安全生产毫不松懈

（二）林场管理多措并举

（三）项目建设高效推进

（四）团队效能不断提升

二、存在的问题和不足

（一）管控难度日趋加大

（二）技防体系亟待完善

（三）专业能力仍需提升

三、下半年工作计划

（一）以智慧建设为中心，打造安防新体系

（二）以育苗造林为重点，构建管理新格局

（三）以要素保障为支撑，力促项目新成效

（四）以党建工作为引领，树立团队新面貌

上述的标题构建，相对而言还是比较"简略"的处理，大致上也符合工作总结的要求，虽有一定程度的"润色"，但相比"经验式"信息，还是比较"收敛"与"低调"的。这也是由工作总结的目的所决定的，它需要一些"亮点"，但又不是特别需要。

小贴士

本书下一章将会介绍经验类信息在关键词和亮点提炼等方面的要求和标准，相比之下，可以看出两者的差异。

8.3.3 最后要虚虚实实

对照第 7 章的要点，我们进一步分析了文稿中关于工作成绩的表述。

考虑到林场的工作属于日常性工作，没有特别让人眼前一亮的成绩，也没有特别值得宣传的重大成果。换言之，似乎不需要考虑什么"错位成绩"的问题，应更多地正常表述所做过的事情。同时，林区的工作内容并没有可以比较的指标目标，或者什么荣誉称号。这类工作成效很难用客观标准来评判和比较，没有什么创新性、独特性、率先性的节点目标可以去说，因此，在成绩表述上可以尝试添加更多的语句来衬托工作成效。

比如，完成了一件实实在在的事，在后面可以增加一些相对务虚的成效。

未经"添加"的原句：开展了 × 次消防知识能力培训。

"添加"之后：开展了 × 次消防知识能力培训，提升了队员的防火意识和处置能力。

未经"添加"的原句：组织开展了 ××"大排查大整治"专项行动……对排查发现的 ×× 等 ×× 处问题，及时加以整改治理。

"添加"之后：组织开展了 ××"大排查大整治"专项行动……对排查发现的 ×× 等 ×× 处问题，及时加以整改治理，有效防范了安全事故的发生。

我们描述一件已完成工作的成果和价值，如果有指标数据或者具体节点，就可以直接用这些量化或者节点化的表述来处理，从而更好地展示出工作成效。但是碰上无法客观处理的，我们便可以用这种相对"务虚"的描述来规避"戛然而止"的尴尬。

小贴士

　　下一步的工作计划，也没有明确的客观节点性，所以也需要更多的"废话"，或者绕来绕去的辞令来支撑起这一部分内容。

8.4 看看完稿长什么样

　　按照上述几个步骤，我们处理好每一项内容，进而起草完成了这份工作总结的初稿。

××林场202×年上半年工作情况总结

　　今年以来，在××的坚强领导及上级××的正确指导下，××林场坚持以保护和培育森林资源为中心，务实求进，主动作为，各项工作取得了较好成效。

一、上半年工作情况

（一）安全生产毫不松懈

　　始终坚持"××"主方针，以××等工作为重点，做到安全生产警钟长鸣、常抓不懈，防患于未然。上半年，成功实现了安全生产事故零发生。一是专项行动成效显著。组织开展了××"大排查大整治"专项行动，由领导班子分别带队对全场工区进行安全生产隐患的集中排查，对排查发现的××等××处问题，及时加以整改治理，有效防范了安全事故的发生。二是平安宣传取得实效。联合××小区开展了以××为主题的平安创建宣传活动，围绕疫情防控、禁毒、防溺水等安全主题，挨家挨户上门宣传，取得了良好的社会反响，得到了××等相关领导的高度肯定。三是消防安全不断加强。在××等重点场所张贴禁火令，发放禁火宣传单××份，并在××、××等重点防控节假日期间，悬挂防火横幅××条，增强了社会各界的防火意识；完成×处墓地和电器设施的清理工作，开展了×次枯枝落叶清理工作，上半年共计排除火灾隐患×处；开展了×次消防知识能力培训，提升了队员的防火意识和处置能力；及时完成消防水池、沉淀池和沉砂池各×座的清理维修任务，强化了消防安全硬件保障。四是白蚁防治继续推进。在××、××等两处用房进行白蚁××工作，进一步消除白蚁××隐患问题。

（二）林场管理多措并举

一是苗木补植稳步进行。针对当前林区××的问题，统筹人工资源，全面加快苗木补植进度，上半年出动人工××余人次，共完成林中空地苗木补植××株、生物防火林补植××株、苗圃改造栽植山茶花和山樱花各××株，有效改善了林区生态环境体系，进一步强化了安全保障。二是抢险作业效率提升。上半年以来，共出动人工××人次，车辆××车次，动用吊车×台，均做到第一时间成功处理××、××、××等紧急事件，有力维护了林区生产生活秩序的和谐稳定。同时，还出动人工××人次、车辆××车次，及时清理了冰冻雪压树等问题，降低了去年××灾害天气对林区造成的损失。三是茶园抚育继续推进，共完成××亩茶园的××、××、××等工作，确保茶园××等生产条件得到维持。

（三）项目建设高效推进

针对林区资金瓶颈制约明显的现实困难，积极拓宽思路、创新办法，千方百计保持投资力度，确保项目建设××推进。

一是向上争取有实效。上半年，成功争取省级林区道路建设专项资金××万元，顺利启动了×××应急通道的拓宽和修缮项目，解决了××的历史遗留问题。二是筹措保障有力度。从××、××、××等多项经费中综合统筹并列支××万元，成功保障了××灭火应急通道维修项目的资金需求，保障了林区××片应急通道的正常通行。三是硬件体系有改善。分别投入资金××万元、××万元和××万元，完成××护林点设备改造、××护林点危房改造和××护林点装修改造等项目，同时在××护林点配备了××等新设备，实现了硬件体系的全面升级。

（四）团队效能不断提升

一是政治建设持续深入。高质量完成了党史学习教育专题民主生活会，"三会一课"制度得到严格落实，支部标准化建设取得新成效。召开了党风廉政工作推进会，组织全场党员干部学习《习近平总书记关于全面从严治党重要论述之以优良作风护航新征程》《中国共产党第十九届中央纪律检查委员会第六次全体会议上的工作报告》等内容，强调要深刻认识深化整治领导干部违规收送红包礼金问题的重要意义，营造了风清气正的干事创业氛围。二是主题党日形式多样。开展了"节前送温暖、心系贫困户"活动，组织党员干部集中走访慰问困难党员。在"三八"妇女节来临之际，组织女职工走进××茶园开展了"悠悠芳华体茶事，助力春茶满飘香"活动，进一步融洽了团队氛围。三是业务培训借力进行。联合县林业局、县资规局开展了关于森林资源保护的系列培训活动，提高了全体干部职工的森林资源保护与管理意识。

二、存在问题

当前，林场工作仍然存在着三个方面的问题。

（一）管控难度日趋加大。现有林地多为××岭，管辖区域点多、线长、面广，全部为××林区，管控形势日趋复杂。再加上森林资源保护标准趋高，工作量与日俱增，全面管控落实难度较大。

（二）技防体系亟待完善。由于资金有限等客观因素制约，林区在森林资源管理方面仍然采用传统的"人防"手段，在日常工作中主要以人工巡逻等方式为主，"技防"体系建设仍处于探索阶段，离数字化管理要求还相差甚远，难以适应新形势下森林资源保护和管理等工作的需要。

（三）专业能力仍需提升。目前在岗护林员××人，林业技术人员×人，一线林业技术人员严重短缺。同时，队伍年龄结构不合理，老龄化问题突出，女性职工偏多，无法组建××森林消防专业队，难以满足护林防火工作需要。

三、下半年工作计划

（一）以智慧建设为中心，打造安防新体系

围绕智慧林场的理念，加快××平台建设，引入××等智能应用，推动安全生产管理的自动化、智能化。加快修订森林火灾防控制度，完善森林防火责任体系、森林火灾预防体系、森林火灾扑救体系建设，确保不发生森林火灾。继续做好安全生产各项宣传工作，营造并维持良好的安全生产社会氛围。

（二）以育苗造林为重点，构建管理新格局

完善××林长制组织体系和护林员网格化监管体系，构建责任明确、协调有序、保护有力、持续发展的林业保护发展格局。积极推进××等重点工作事项，开展多模式林业乡村振兴，真正使绿水青山变为金山银山。全面依法解决茶场承包经营前期积累的遗留问题，实施新一轮对外公开招租，促进茶旅融合。

（三）以要素保障为支撑，力促项目新成效

全力以赴做好资金保障，加快项目建设步伐。组织推进××原址重建，抓好对××等护林点的维修改造。继续做好××、××、××等应急通道的维修工作，加快形成更××的应急交通网络体系。继续做好××、××、××等危房改造，以及××等古墓清理等工作。

（四）以党建工作为引领，树立团队新面貌

做好支部换届选举工作，配齐选强新一届党支部班子。以"党建＋互联网""党建＋红色"为理念，以支部"主题党日"活动为依托，激发党员参与党内生活的积极性。加强对全场干部职工的政治理论及业务知识学习，开展实用技术、实用职业技能等内容的教育培训，不断提高干部职工的职业技能水平。

8.5 工作总结中常用的字词和表述

笔者在庞大的数据库中总结了一系列可供摘选使用的字词和表述，作为"万金油"式样的素材，可供"笔杆子"在撰写工作总结时参考。

小贴士

需要注意的是，这类素材可以帮助各位读者完成一份"过得去"或者说"能交差"的总结材料。如果想要完成一份质量更高、亮点更多的文稿，那就需要我们根据实际工作"量身定制"，方能显现出诚意。

1. 开头部分的万能语

在上级领导的关心支持下，在兄弟单位的配合帮助下，本人（或者本单位），立足岗位（或者单位职责），围绕……（中心目的），（加上一系列成语修饰），较好地完成了岗位（或者单位的工作职责），现将相关情况报告如下。

这里的"中心目的"，主要是一些目标性的口号。如果是单位总结，就去查查本地区或者本系统有什么口号，然后直接套上去；如果是部门总结或者个人总结，就去查查本单位有什么目标口号，套上去。

这里的"成语修饰"，选择空间就很大了。表示工作开展很艰难的，可以用迎难而上、克难攻坚、敢于担当等；表示工作创新色彩浓厚的，可以用奋发有为、开拓创新、锐意进取等；表示工作扎实稳健的，可以用脚踏实地、求真务实、砥砺前行等。

当然，这些修饰语也可以交叉使用。一般来说，开头使用2～4个成语就差不多可以了。

2. 总结部分的"万金油"

表述完成内容的部分，作为总结的核心，这一部分常用的套路如下：

首先，标题上直接说明某件事的状态。

如果是已经完成的状态，可以表述为：

××项目顺利完工，××工程如期建成，××试点全面完成，等等。

或者，也可以笼统说某某工作达到预期目标。至于是完工、完成、建成、达到目标或是其他，取决于要表述的内容是什么性质的，需要根据语感判断。至于是顺利、如期，还是基本、全面，则取决于我们对完成程度以及过程的判断。但实际上，这类形容词的"混插混用"方式，主要还是根据标题自身的工整性需求来调整，可能用四个字，也可能用六个字，或者还可能用八个字。

如果是正在推进的状态，就可以围绕"开展""推进""进行"等词汇加以表述：

××工作顺利进行、××工程加快进行、××试点有序推进、××事业稳步发展、××水平不断提升等。

这类表述相对而言更加模糊一些，也可以算是"万金油"一般的标题用词。

还可以使用诸如"紧抓不懈""多措并举""层层落实"等更加笼统的表述方式。这类方式放在总结性标题中似乎显得不伦不类，但是当"无词可用"的时候，或许能用这类词语来救急。

3. 句子的铺陈规律

围绕每一项工作的完成情况，总的铺陈规律可以归纳为这么一个式子：

A+B+C+D+E

A：事项针对的问题或者背景，可省略。

B：事项名称，位置可与C互换。

C：总结时间点的状态，位置可与B互换，

D：补充的细节性介绍，可省略。

E：呈现的意义与价值，可省略。

用稍微具体一点的语言表述，就是：

针对某个问题（A），某件事情（B）进展如何（C），相关细节性的补充说明（D），上述工作进展具有什么样的价值与意义（E）。

下面举一个完整的例子：

针对当前林区生态环境体系相对脆弱的问题（A），苗木补植各项工作（B）全面加快（C）。上半年出动人工 ×× 余人次，共完成林中空地苗木补植 ×× 株、生物防火林补植 ×× 株、苗圃改造栽植山茶花和山樱花各 ×× 株（D），有效改善了林区生态环境体系，进一步强化了安全保障（E）。

如果将 A、C、D 三个环节省略，就是最简单的一句话：

苗木补植各项工作全面加快。

如果 B 和 C 互换，便是这么一句话：

全面加快了苗木补植工作。

所有的总结性句子，都可以用这样的规律来概括。

4. 表述问题的方式

关于问题部分的段落标题很简单，只需说明某个方面不够理想就行。

某个方面可以直接说内容，而"不够理想"的方面则要注意不出现过于偏激的语言表述。

常用的"不偏激"表达，比如"有待""亟待""仍需""还应进一步"等，都可以既平缓又相对"书面化"地表达出思想内涵。

当然，也可以反过来，从外部角度切入来说明问题，将"主动式"转变为"被动式"。

比如，创新能力有待提升，可以转变为：

外部创新压力不断加大。

除了标题之外，关于问题表述的内容，我们也可以列出下列式子：

A+B+C

A：说明原因是什么，可省略。

B：这个原因造成的现状，可省略。

C：这个现状带来的结果。

用稍微具体一点的语言表述，就是：

由于某些原因（A），某方面的状态如此（B），进而导致某方面的结果不理想（C）。

在工作总结中，问题部分是相对简略的，很多场合下可以一笔带过，所以这个公式也十分简单。

举一个完整的例子：

由于资金有限等客观因素制约（A），林区在森林资源管理方面仍然采用传统的"人防"手段，在日常工作中以人工巡逻等方式为主，"技防"体系建设仍处于探索阶段（B），离数字化管理要求还相差甚远（C）。

如果省略 A 和 B，那就是更为简单的一个句子：

森林资源管理离数字化管理要求还相差甚远。

5. 表述计划的方式

计划比问题部分相对复杂一些，但是相比总结部分又简单一些。

常用的标题可有多种不同的选择。

如果是强调创新的，可以围绕一个"新"字做标题，比如"构建新平台""打造新格局""探索新路径""谋划新蓝图""打造新形象"等。

如果是强调延续的，可以围绕"进一步"做标题，比如"进一步提升 ×× 水平""进一步加快 ×× 进度""进一步优化 ×× 格局"等。

这类标题，如果追求简单，便可以采用更加朴素的做法，直接采用"动宾结构"，不需要太多的修饰；如果追求繁复，不防去百度搜索一些"标题金句"，然后再做一些排列组合。

> 另外，"骈体文"式样的标题也可以尝试，像"多措并举，全力突破××制约"等"4+8"或者"4+6"的句式也是较好的选择。这对新手来说可能不太容易，尤其是在需要构想出若干个工整的标题时。

计划部分的表达式通常如下：

A+B+C

A：做什么。

B：具体的细节补充，可省略。

C：预期取得什么效果，可省略。

就是：

今后要做某件事（A），这件事具体要怎么做（B），最终要取得什么样的结果（C）。

举一个完整的例子：

进一步加快智慧林场建设（A），完善××平台功能，引入××等智能应用（B），推动安全生产管理的自动化、智能化（C）。

如果将其简化，就形成一个简单的句子：

进一步加快智慧林场建设。

当然，这个简单句也完整地表达出了一项工作计划，可以"独立成军"，凑成一块内容。实践中，很多工作总结的计划部分，其实都是由这样一个个简单的句子拼凑而成的，然后再归属到某一个比较"高大上"的标题之下，从而形成完整的计划板块。

第 9 章

皇冠上的宝石：经验类信息

本章以一个具体案例为切入点，介绍经验类信息行文的思考过程和撰写技巧。

经验类信息可谓公文写作领域"皇冠上的宝石"，它是展现工作成效最全面、最考究、最有效的方式，备受领导以及领导的领导所关注。对于"笔杆子"来说，这类信息或许也是最能展现职业成就感的载体。

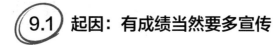

9.1 起因：有成绩当然要多宣传

9.1.1 机会来了要抓住

今年以来，某地方银行推出了一系列新产品，受到当地各类服务行业企业的欢迎。同时，该地区服务行业相关经济指标增势较好。为此，该银行负责人与省政府办公厅相关领导取得联系，申请报送一份关于金融助力服务业发展的经验信息。该领导表示同意，并承诺可刊登在省级工作交流刊物上。

为此，我们需要撰写一份经验信息。

根据我们平时的观察和了解，该地方银行的举措大部分是在上级银行的统一部署之下实施的，并没有太多可以称得上个性化的创新动作。但是通过金融助推服务业转型发展，却是一个难得的切入点。一方面，正好借助了当前该地区服务业经济发展势头良好的机会，可以为自身相对普通的举措添上浓墨重彩的"注脚"。另一方面，此类举措在行业内可能并不算很有创新意义，但在省一级工作信息交流平台上却并不常见，再加上与服务业的绑定，更有可能成为首例。

9.1.2 寄予厚望的原因

作为一篇经验类信息，它的目的非常明确，就是展现成绩，而且这种展现的欲望和需求远远高于常规性的工作总结，必须十分精炼地概括所有素材内容，而且在亮点提炼和关键词把握上需要投入更多精力。

也就是说，我们需要搜集到足够的素材，然后将这些素材按照一定的逻辑关系归类，最后从每一层大小布局中提炼出关键词并展现出亮点。如果素材还不够，我们甚至可以去外部寻找素材，支撑起文稿的内容。

同时，领导对于此类文稿会寄予厚望，从内容编排、文字组织、亮点提炼等各方面都会注入更多的精力，做到精益求精。而对于"笔杆子"来说，这可能是一年之中最重要的一份文稿，写好可以"吹一年"。因为对于基层金融机构来说，能够在省级刊物上"露脸"，甚至有机会得到省级领导的肯定性批示，是十分少见的，可以算是一项不大不小的亮点业绩。

这种被寄予厚望的"高大上"属性，赋予了这篇稿件备受关注的"崇高"地位，这也是经验类信息被称为"皇冠上的宝石"的根本原因。

小贴士

工作总结是"例行公事"，而经验类信息则是"全村的希望"，两者虽然目的相似、内容相同、文风相近，但受到的重视程度却有天壤之别。

9.1.3　拓宽眼界找素材

从该信息所涉及的内容看，我们并不能仅仅满足于该银行内部提供的素材，还需要进一步"拓宽视野"，充分融入外部的一些素材。因为该信息是"借用错位成绩"的典型情况：单位本身做了大量的努力和贡献，但这些努力和贡献并不能完全推导出我们预期的"成绩"。因此，要完全支撑起这篇信息的"含金量"，我们就必须借助一部分外部的亮点。

但首先，我们还是得从内部搜集相关素材。

经过与银行内部人员的对接沟通，我们初步掌握了一些资料，梳理归纳为以下几点。

首先，该银行在工作机制方面有些新的内容可以写，包括将辖区划分成为几个网格，然后每个网格确定一位客户经理，承担上门服务的职责，相当于片区包干的意思。同时，还抽调员工组建了一支队伍，上门拓展客源。

其次，该银行经常性支持本地政府的一些民生事业，与政府以及相关部门关系良好，在一些活动中也给予了资金支持。

再次，该银行还设立了一个资金投放池，专门为企业提供信贷服务，规模上百亿元，能拿得出手。同时，配合这个资金池的一系列信贷产品也值得一提。

最后，该银行地处本地的重要消费商圈，与商圈内的店铺开展了一些合作，并经常参与商家的优惠促销等活动。在参与过程中，银行也使用和更新了他们自己的一些软件或者产品等。

除此之外，我们还通过该银行与政府之间的信息渠道，掌握了当地服务业发展的一些素材。这些素材虽然与银行的业务并没有直接关联，是站在政府角度的分析调研，但是考虑到这篇信息的特点，我们还是需要尽量将这些外部资料与该银行的金融服务"靠近"，在相互之间搭建起"沟通的桥梁"，让这篇信息的内容更具说服力。

这些外部的素材，包括该地区服务业发展的相关数据，以及所取得的荣誉等；该地区政府及其部门在相关商圈所开展的促销活动等；该地区政府及其部门一些促进服务业发展的施政举措，以及该银行在这些举措中扮演的角色。

内外两部分素材为这篇信息提供了基础的内容支撑。我们可以进入下一阶段的构思与起草了。

9.2 合理的构思是成功的一半

我们要构思好框架与编排，做好这一步，就意味着成功了一半。

9.2.1　先亮成绩，再谈举措

经验类信息的框架，在本书第 1 章已经做了初步介绍，基本就是"一是二是三是"的并列式框架。但是在并列铺陈几块具体内容之前，还需要以简单扼要的方式展现成绩，包括优异的指标表现、试点荣誉等。

因此，这类信息主要分为两部分：

第一部分是开头的一段话，全部用来展现成绩结果，包括指标情况怎么样，取得了什么荣誉等，"开门见山"地凸显出这篇信息的价值和借鉴意义。

第二部分可分为三个段落，也就是"一是二是三是"这样的模式，展开所实施的举措内容。而这些举措内容，自然也会被编排为若干部分，再加以归纳和统领。

9.2.2　具体举措要好好编排

除了开头关于成绩表述的那段话之外，接下来的核心内容可以分为 3 ～ 4 个部分，有条理且有逻辑地讲述为取得该项成绩所采取的举措。同时，在每个举措下面还需要再分若干小点。

具体到本章中的案例，可以形成这样的编排结构：

今年以来，××银行积极发挥××优势，助力地方服务业经济高质量发展，取得了一系列令人瞩目的成绩。

一、第一项举措

二、第二项举措

三、第三项举措

如果按照这样的框架结构，我们主要思考这三项举措应该分别指哪些内容，也就是将前面提到的几项素材如何分别编排到三大举措中，在三大举措内部如何进一步细分。

这考验着我们对素材的分析判断能力，以及相应的逻辑思维意识。

我们注意到，这一系列举措之中，首先需要关注的是银行内部的一系列调整和操作，包括体制体系的变革、团队结构的调整以及相应的产品等。这些举措体现的是银行自身对这项工作的重视和调整，有主动性意味，可以尝试将其单独作为一个小点。

同时，我们还可以总结该银行在周边区域经济发展中提供的一些帮助，这里并非是要突出区域经济发展的成效，主要还是说明该银行在其中所做的事情。

在此基础上，我们可以相比第二部分对于区域商业发展的助力，再总结银行与地方政府及其部门之间的配合与协作。这里要体现的可以是银行的社会责任与担当，但主要还是应展示银行助力服务业的举措。

小贴士

　　在第二和第三个段落中，我们关注的重点是举措而非结果。因为结果在首段就已经展现了，并不需要在后面的部分中反复强调。同时，上述分类方法仅仅是众多分类方法中的一种，各位读者也可以根据自己的理解来做其他分类。

通过编排，我们的段落内容大致如下：

一、体制机制建设及内部改革

二、跟地方服务业经济发展相关的

三、与地方政府及其部门工作相关的

9.2.3　篇幅与平衡要怎么控制

对照本书第 3 章的要点，我们已经明确了这篇文稿的目的就是展现成绩，也不存在任何相互矛盾或者冲淡主题的素材。

其中值得注意的，是整篇文稿的字数限制，以及内部各个板块的平衡性问题。这类稿件一般 2000 字不到，如果分为三个板块，尽量每个板块的字数控制在 500 字左右，确保整篇文稿各部分相对均衡，不会出现某一部分严重失衡的问题。

9.3 精致的文字是成功的另一半

9.3.1　用公文语言改写素材

对照本书第 4 章的要点，进一步改写素材内容，使其更符合公文写作的书面语风格要求。

比如，在工作机制方面，我们可以按照素材内容，试着将其做一些改写。

原素材：

对辖区分成了好几个网格，然后每个网格确定了一位客户经理，承担上门服务的职责，相当于片区包干的意思。

改写之后：

对辖区内服务业企业进行网格化划分，实行"××××"的机制，为每家服务业企业配备一名服务专员，打造了"一企一策"的定向金融服务新格局，实现了金融网络服务的全覆盖。

比如，在商圈服务方面，我们可以按照素材内容加以改写。

原素材：

推出"××消费贷"，帮助一些店铺更好地推广消费活动，特别是可以让一些消费者在扫码消费的时候，提供无接触的信用贷款功能，这样就可以更好地促进消费。

改写之后：

推出"××""××"等消费类贷款产品，通过扫码即申请的形式，实现纯信用、无接触放款，解决消费者融资问题。

按照上述办法，我们可以将搜集到的素材进行提炼改写，使其改变原本的口语化色彩，包装成文稿中的"适格"内容。

9.3.2 表述还可以更精准

对照本书第5章的要点，我们继续对文稿中的内容进行修改和完善。

考虑到经验类信息的特点，我们并不需要纠结归因方式，或者思考如何表述祈使语气，而只需要关注时态问题即可。经验类信息的内容，全部都是已经完成的做法举措，自然都是完成时态。检查文稿内容，明确一下时态，便会让我们的表述更加精准化。

未经时态处理的语句：

推出"××""××"等消费类贷款产品，通过扫码即申请的形式，实现纯信用、无接触放款，解决消费者融资问题。

处理之后的语句：

"××""××"等消费类贷款产品相继推出，按照扫码即申请的要求，实现了纯信用、无接触放款，使消费者融资问题得到有效解决。

通过改写，文稿中的语言表述更加精准，也更符合经验类信息的特点。

9.3.3 提炼亮点是关键一环

对照本书第6章的要求，我们进入经验类信息写作最关键的环节，就是提炼关键词，思考谋划更工整的标题，突出文稿的亮点。

经验类信息与工作总结十分相似，但前者的分量更重，被寄托的期望也更深沉，自然比日常性的工作总结更加讲究。而这种讲究反映在文字上，就是对关键词的提炼，以及对标题的谋划。

小贴士

这一环节主要是考验写作的实力。经验类信息是最需要"花团锦簇"的稿件类型，无论做怎样的"精雕细琢"都不为过。

针对本章的案例，我们按照内部建设和改革、服务消费经济、配合政府工作这三个方面，结合当地金融工作的一些提法，整合出了许多关键词和亮点。

比如，根据三项工作不同的出发点，设定为"加快内部机制重塑、紧抓消费融资赋能、融入地方发展大局"。但是这类标题比较平淡，即使再三斟酌，也与主题"促进服务业发展"有一定的差距。

比如，根据三项工作不同的目的，设定为"打造企业服务新机制、树立消费服务新形象、担当社会发展新职责"。相对而言，这类标题贴合实际，但仍然有专业性不够强的问题，难以让人一眼就看出这是来自银行的稿件。

又比如，在标题中直接点出重点，设定为"以网格构建为重点，优化金融空间效能；以消费融资为核心，助力商圈经济发展；以服务转型为基础，融入地方发展大局"。这类标题基本符合经验类信息的需求，但是作为一家金融机构的文稿，其标题仍然有不够"高大上"的问题。

在本案例之中，经过内部多番思考和讨论，最后形成的三大段标题如下所示：

（一）"金融供给+"构建资源配置新体系

（二）"金融拉动+"打造商圈消费新环境

（三）"金融延伸+"注入转型发展新动力

这种标题的好处在于，从标题中既可以看出银行作为金融机构的身份特色，又能体会到"××+"这类组合形式所带来的"高大上"的感觉，是较为合格的经验类信息标题。

当然，在大标题之下，我们还需要根据每段的具体内容设置相应的小标题。这类小标题在字数上会相对少一些，结构上也会简单一点，但工整性的要求是必需的。

比如，在（一）这个一级标题之下，我们准备讲述（1）全域网格划分管理以及（2）产品创新，因为我们不能"有一有二没有三"，所以可以考虑将（1）的全域网格拆分为网格划分和组建服务队伍两件事，将两项工作变成三项工作，从而形成了如下二级标题：

（一）"金融供给+"构建资源配置新体系

1. 擘画全覆盖的"网格图"

2. 构建全参与的"服务队"

3. 设立全链条的"投放池"

这样便可以形成精致的二级标题。

以此类推，我们逐步在（二）和（三）下面，不断梳理素材，提炼关键词，使整篇文稿都充满"亮点"。当然，这也是经验类信息应有的"待遇"。

小贴士

在大小标题中，如果不能解决时态问题，或者因为过于注重时态而导致标题显得啰唆或语法不通，则时态的要求应当让位于标题的工整性。但是在具体内容的表述上，要关注时态语言。

9.3.4 成绩还需要串联起来

本书第7章提到了"借用错位成绩"的技巧和方法，而本案例正是典型的样本。

正如前文所述，银行所做的工作与地方服务业的发展有一定的关联，但并没有直接而完全的因果关系。我们所报送的这篇信息，在一定程度上是借用"时势"造就了"英雄"。

因此，在这篇信息稿撰写过程中，一定要多多串联成绩。包括外部取得的新进展，凡与我们银行的工作付出有所关联的，都可以考虑。

比如，我们在地方政府及其部门的相关工作中，找到了一些关于地方政府设立养老基金的内容，这些养老基金产生的社会效益还算不错，而我们银行对此也有一定的投资支持。于是，我们完全可以提炼出这么一件事：

为 ×× 康养基金提供创始资金 ×× 万元，合力打造了全省首个 ×× 基地，成功树立起 ××× 服务品牌，为现代金融支持社会公益性服务业提供新的实践样本。

这句话通过投资基金这个关键"链条"，串联起了银行工作和服务业发展成就，从而再次丰富了文稿的内容。

在本案例写作过程中，可以更多地使用这种手法来提升稿件的"含金量"。当然，这也需要我们有相应的素材收集整合能力，以及对不同工作角度的敏锐意识。

（9.4）最后报送稿的展示

经过上述步骤，我们整合了所有的素材内容，完成了本案例的稿件，展示如下：

×× 银行"3+"×× 模式助力 ×× 现代服务业转型发展

今年以来，该行发挥 ×× 的优势，×× 金融资源，聚焦 ×× 金融需求，全力支持现代服务业转型发展，为 ×× 高质量发展提供了有力的支撑，打造了具有 ×× 地方标识度的金融支持本土现代服务业转型发展特色模式。截至 × 月，该行服务业企业新增 × × 户、贷款余额新增 × × 亿元，同比增幅分别达 × × %、× × %，发放 × × 贷款 × × 亿元，同比增幅达 × × %。在该行的金融助力下，× × 地区服务业增加值逆势增长 × × 个百分点，成功获评 × × 示范区，并成功打造全省第一个 × × 创新金名片。

一、**"金融供给 +"构建资源配置新体系**。该行针对 × × 金融资源供给不足的问题，打造了"网格 + 队伍 + 投放"的服务业支持体系……。一是擘画全覆盖的"网格图"。利用 × × 等网店在全辖遍布的优势，对辖区内服务业企业进行了网格化划分，实行"× × × ×"的机制，为每家服务业企业配备一名服务专员，打造了"一企一策"的定向金融服务新格局，实现了金融网络服务的全覆盖。二是构建全参与的"服务队"。成立由 × × 名业务骨干组成的 × × 金融服务队，并针对行业特点，进一步细分为 × ×、× ×、× × 等专业服务团队，开展了 × ×、× × 等大走访活动，真正做到全员下沉一线，完成辖区所有服务业企业的信息建档工作，成功打通了融资渠道。三是设立全链条的"投放池"。投资 100 亿元设立了专门的服务业信贷"投放池"，充分利用省金融综合平台，推出了 × ×、× ×、× × 等各类多样化的信贷产品，实现对服务业企业在 × ×、× ×、× × 等生产经营各环节的"全链条"服务。截至 × 月，累计为 × × 家 × × 企业、× × 家 × × 企业、× × 家 × × 企业共提供 × × 贷 × × 亿元，有效缓解了因 × × 导致的资金压力。

二、**"金融拉动 +"打造商圈消费新环境**。该行全面加力 × × 战略，深入挖掘 × × 的金融服务潜力，紧扣 × × 商圈建设，为最优消费环境的营造提供了强有力的金融支撑。一是 × × 收单商圈建设加快。成立了××消费场景团队，为辖区商户提供了××产品，并免费提供××等收单标配，形成了集推广、跟踪、维护为一体的商圈服务模式。截至目前，已有××万户商户办理了××，扫码额达××亿元。二是××银商联盟创成。在××平台基础上，增设了××功能，为入驻商户提供××补贴、××宣传、共享××等"促销礼包"。截至目前，累计使用客户达××万人次、××购买达××万张。三是××贷款流程优化。"××""××"等消费类贷款产品相继推出，按照扫码即申请的要求，实现了纯信用、无接触放款，使消费者的融资问题得到有效解决。同时，还对××从业人员设立了××优惠，如××贷款、为××培训提供信用卡免手续费分期付款等。

三、"金融延伸+"注入转型发展新动力。发挥现代金融服务职能，赋能服务业新场景的拓展，为服务业的转型发展注入新动力。一是××转型支撑明显。联合××打造了××精准帮扶机制，向××企业及时传达××、××、××等信息，开展××等主题交流会，××等产品得到有效推广，为××的提升奠定了金融服务基础。截至目前，有××家××企业获得了××金融服务，同时还成功落地首笔××业务，帮助辖区内企业提升了××应对处置能力。二是××转型作用突出。加大与××单位的合作力度，在××等主要综合体设置了网点，并与××公司、××公司等党支部成立了党建联盟，共同开展了××等活动，进一步放大了××单位的市场号召力。三是××转型加大赋能。联合××、××等单位，为××康养基金提供创始资金××万元，合力打造了全省首个××基地，成功树立起×××服务品牌，为现代金融支持社会公益性服务业提供新的实践样本。

第10章

解难题的起手式：请示

本章主要介绍上行文（请示、报告等）的撰文经验和技巧。这类文稿的格式要求和文风特点，在很多教科书中都有介绍和阐述。但是经过实践后，我们发现此类文稿有着奇妙的特点：一方面，稿件内容十分重要，直接关系着我们下一步工作的开展；但另一方面，请示的内容往往在事先已经与上级做了沟通，文稿本身只是将沟通的内容予以书面化的固定罢了。所以，说重要也重要，但似乎又没那么重要。

⑩ 10.1 起因：遇到难题找上级

10.1.1 难题的背景

某市争取到了一个卫健领域的国家级试点项目，其医疗体系的运作模式也随之进入新的改革周期。在改革过程中，该市医保局发现新的医保审批管理制度与省级电子信息运行系统不相适应，改革后的一些运作规则在省级系统里得不到支持。为此，该市医保局与省局积极对接。经过不断努力，省局答应对系统进行优化和调试，同时要求市局报一份请示上去。

于是，领导便指示我们撰写一篇请示，以便省局启动系统优化程序。

10.1.2 请示背后的真正逻辑

请示、报告这类文稿的目的，在于解决问题并推进工作开展。因此，需要阐述当前我们遇到的困难，然后提出相关建议和恳求，希望上级能够按照我们的意愿去调度资源，帮助解决难题。

但是前文已经介绍过，这类文稿送上去的前提，是我们与上级已经进行过充分的对接沟通。这也意味着，最关键的沟通工作，已经在行文之前做完了。而我们所撰写的文稿，实际上是将上下级之间沟通过的内容以书面形式呈现出来。

因此，请示和报告上行之前，双方就已经有了共识，我们所提出的内容是能够得到相应的肯定答复的。如果事前的沟通尚未进行，这种请示或者报告就不适宜直接递交。在一些场合下，上级甚至可能会将文稿退回。

由此可见，这种上行文背后的逻辑关系并不是：

我们遇到问题—请示报上去—上级批复解决问题。

而是：

我们遇到问题—与上级对接沟通，得到上级口头答复—根据上级意见拟定书面请示报上去—上级针对书面请示给予书面批复解决问题。

小贴士

实践中，可能也会有未经事前沟通就直接报告的个别情况。比如，关于某件重要的事情，上级迟迟不予决策或者答复，而下级又面临被追责的风险。为此，下级可以直接递交报告上去，阐述履职困难，以及该事件的重要性，希望能够得到上级的重视和支持，至少也可以显示自己并非"不作为"，从而避免被追责，或者被追责的时候争取一个"从轻发落"。

10.1.3 掌握情况比堆砌素材更重要

与展现成绩的工作总结或者经验信息不同，此类文稿的目的是解决问题，而不是整合修饰内容。因此，作为撰稿人，我们需要对工作的来龙去脉有所认识和了解，同时对问题产生的原因以及前期领导之间沟通决策的过程有所掌握，这样才能确保文稿中的表述准确无误。

于是，围绕这个问题，我们向相关领导和处室负责人了解情况，并根据他们的口头表述，梳理形成以下几个背景原因：

首先，我们这里是××工作试点，所以市里成立了××机制，由××机制下各个牵头医院负责对辖区内参保人的医疗费用进行审核结算。这是市里牵头的全新改革，很有意义，一年来运行也很安全。

但是，省级系统仍然认定医保经办中心为审核主体，各个牵头医院无法对相关费用进行审核。关于这一点，领导跟省里对接过了，省里认为可以将这些机构增加为审核主体。

然后，省级系统也不会去区分参保人归属于什么辖区，牵头医院在系统上的审核效率极低，事实上无法有效审核。关于这一点，领导也跟省里对接过了，省里认为可以研究，但主要是市级系统的技术单位要及时上去对接。

再加上审核系统运行规则不一样，前面的问题导致省级系统没法审核出结果来，就算人工审核出来了，差异也很大。领导跟省里提出来之后，省里考虑再三，觉得可以延长审核期限，让我们抓紧时间。

另外，我们这帮工作人员水平也一般，对这些复杂系统也搞不明白，目前只能市级系统和省级系统并行使用，造成工作量剧增。目前看，还是要搞点培训什么的，不然真吃不消。

上述内容既可算是素材，也可看作我们对这些问题进行梳理后的认知和理解。总的来说，我们明白了这次请示背后的根源在于市里的试点与省里原有的系统存在冲突和矛盾，进而导致工作无法开展。而在领导的有效沟通之下，省里同意"迁就"我们，优化他们的系统来支援我们的试点建设。

框架：即便简单也不要节外生枝

10.2.1　框架很简单

对于这类文稿，框架就是本书第1章介绍的"从现状到问题到方法"，套路也十分简单，只不过作为一份请示，在具体场合下，每个部分都有不同的侧重点。

现状部分，请示报告主要是讲前期的努力和贡献，或者说讲述我们过去所做的努力，适当展现一下担当和奋发的姿态。主要逻辑含义是：

虽然现在我们遇到困难了，但我们也不是坐等你们来帮助，我们自己也确实努力去做了，但实在没办法……

接下来，问题部分是这类稿件的核心内容，而方法部分自然是问题部分的延伸与呼应。

其中，问题部分主要是提炼需要上级解决，并且已经与上级沟通过的问题。如果是一些不需要上级解决的问题，或者说上级对于这件事的看法与我们不同，那就没有必要写入请示中。比如，素材中提到的人员能力不足以及开展培训活动等，并非需要上级支援的事项，自然没有必要写入文稿。

方法部分主要是建议上级应该怎么做才能帮助我们解决问题。这个部分同样也是与上级沟通过的，按照上级的处理意见提出建议即可。如果上级未同意给予解答，或者上级提供的答复意见与我们预想的建议不一致，那么这类事项也最好不要提出来，以免没了回旋余地。

小贴士

比如，在请示"该往东还是该往西"这个问题时，我们希望上级能够同意我们"往东走"，但如果上级认为应当"往西走"，那么这个时候我们宁愿不去做书面请示，而是争取时间去说服上级。否则，等"往西走"的批复下来，就木已成舟，无法挽回了。

10.2.2 编排也不费力

从第 2 章的编排角度看，本案例的报告和请示件也不需要花费太多时间。只不过请示件中涉及多个不同的问题，需要加以区分和归类，但实际上这也是比较简单的一项工作。

我们将上述素材做一下分类和整理，将我们遇到的困难具体分为三个方面。

首先，省级系统设定的审核主体只限定为医保经办中心，导致这一批被市级试点指定为审核主体的医院，无法在系统上进行审核操作。

其次，省级系统的信息管理规则中没有划分参保人归属地这项功能，导致市级试点的相关模式缺乏配套支持，无法落地。

最后，省级系统的审核期限规定，在当前的矛盾冲突下不具备完成的可能性。

前文已经说过，人员能力以及培训等问题实在是"不足与外人道"，也不是上级部门可以出手解决的麻烦，就没有必要向上请示了。

这样一来，报告中的三个"二级内容"就明朗了。再从前期对接结果看，省里同意我们提出的三个建议——增加牵头单位，增加辖区数据，延长期限。因此相对应地，三个对策建议的主旨和方向也就清晰了。

10.2.3 要注意"话多错多"

这类报告和请示件，在很多场合下只是走个程序，本案例也不例外。上级部门领导既然已经答应我们的要求，前期对接也十分充分和顺利，那么文字部分就没有必要再长篇大论，只要简明概括叙述清楚即可。

而且，报告和请示件是上行文，决定了某件具体事务的处理方式。它并非工作总结或者经验信息这种"过了就过了"的案牍文书，更不是"文来文往"，而是具有重要现实意义的。特别是本案例事关广大参保人的权益，外部影响较大。万一因为这件事而引发一些外部负面影响，进而引来追责程序，那么我们的请示报告以及上级的批复回文都将会成为事后审查的依据。在这类稿件中犯"话多错多"的错误，明显不必要。

按照经验来说，此类稿件控制在 1000 字以内为宜。

10.3 开始组织语言

10.3.1 简略直白就行

我们尽量以最简略最直白的语言来描述问题和提出建议，点到为止，但又清晰简单。

原素材：

省级系统仍然认定市医保经办中心为审核主体，各牵头医院无法对相关费用进行审核。关于这一点，跟省里对接过了，省里认为可以将这些机构增加为审核主体。

按照最简略的公文写作用语改写之后，形成问题和建议各一段话：

关于问题的表述：根据××试点工作的要求，我市当前××审核工作由各××牵头医院负责，但省级××系统的审核主体仍限定为各市的医保经办中心，导致各牵头医院缺乏审核权限，无法履行审核职能。

关于建议的表述：建议在××系统中增设各牵头医院为审核主体，并向其开放审核权限，方便其履行审核职能。

对于其他两个问题，也逐一按照公文用语的模式加以改写。

10.3.2 要注意归因

在遣词造句方面，本案例需要注意的是归因方式，特别是当我们提出问题的时候，要归因于客观因素，或者说归因于需要上级部门"出手相助"的因素，而不是偏向其他方面。

在本案例中，我们所遇到的问题本质上是省级系统与市级试点改革工作要求相矛盾，两者的衔接没有充分考虑到位。但是在撰写文稿的时候，就没必要涉及这些根本性原因，更不要去评判上级系统与试点存在什么功能不足，仅提出要求即可。

比如，在省级系统中没有提供参保人辖区数据划分功能这件事中，我们归因于系统本身即可。如果我们在文稿中表述为"因省级系统未能及时与××试点的管理模式相匹配"，就出现了不必要的"指责"意味。虽然可能也无伤大雅，但为了今后其他工作顺利开展，我们没必要"多嘴"。

所以，在表述中，就尽可能简略为：

按照××试点部署，各××牵头医院负责审核其辖区内参保人员的医疗费用，但是根据省××系统的工作规则，参保人辖区信息未做分区处理，导致审核环节缺乏准确依据，也影响了审核效率。

10.3.3 标题稍加斟酌即可

对照本书第6章的要点，这类稿件的目的并非"华丽地展现成绩"，而是要"务实地解决问题"，所以面对这类稿件，不必费尽心机去想什么关键词，更不必去提取亮点，只要把标题弄得工整一些，便已经算是十分用心了。

比如，我们将请示中三个问题的标题归纳为：

一是审核主体无权限。

二是参保人员未分区。

三是期限要求难实现。

相应地，三个建议的标题也可以设定为：

一是建议增设审核主体。

二是建议提供分区信息。

三是建议延长审核期限。

这样也就大差不差了，不需要再深入斟酌推敲太多。

10.3.4 是否必须一事一请

对照本书第7章的要点，我们要注意避免请示"节外生枝"，这个在前面已经做了介绍。

可能有读者会产生疑问：请示应当是一事一请，在同一份请示件中直接抛出三个问题，提出三个建议，是否违反了这样的规则？

先不论本案例中的三个问题与建议是否属于"同一件事情"，因为就算不是同一件事情，我们在实践中也可以一次性提出来，前提是这些问题在事前都与上级做了充分沟通，且得到了上级的"一揽子"解决方案。

因为请示件存在的意义，就是为了解决问题并推进工作，如果现实工作中的问题能够得到有效解决，就不必拘泥于这些形式上的约束。特别是在请示件中将多个相关内容一并写入并解决，反而是一种提高工作效率的途径。

（10.4）文稿最后长什么样

关于省××系统运行相关问题的请示

省医保局：

202×年×月×日，国家级××试点正式落地我市。这是我市××事业发展的重要机遇，同时也是全省医保××的关键环节之一。自试点启动以来，在省局的大力支持下，我局积极贯彻落实上级关于××的相关精神，主动开展各项工作，在××等方面取得了较好的成效。目前，我市××系统已正式上线运行，与省××系统并行运转，标志着试点工作取得了阶段性成果，得到了市委、市政府领导的高度肯定。

但是在实际运行中，省××系统与我市××平台仍然存在着一些不匹配的问题。现就有关事项请示如下：

一、存在的问题

一是审核主体无权限。根据××试点工作的要求，我市当前××审核工作由各××牵头医院负责，但省级××系统的审核主体仍限定为各市的医保经办中心，导致各牵头医院缺乏审核权限，无法履行审核职能。

二是参保人员未分区。按照××试点部署，各××牵头医院负责审核其辖区内参保人员的医疗费用，但是根据省××系统的工作规则，参保人辖区信息未做分区处理，导致审核环节缺乏准确依据，也影响了审核效率。

三是期限要求难实现。根据省××系统的设定，我市应于×月×日之前完成系统上××单据的审核工作。但两套系统并行运行以来，当前审核结果差异较大，仍需要一定的校验核对时间。

二、请求和建议

为进一步理顺××试点工作机制，为全省医保事业的转型发展提供更多的成熟经验，恳请省局加大支持力度，优化系统设置。

一是建议增设审核主体。建议在省××系统中增设各牵头医院为审核主体，并向其开放审核权限，方便其履行审核职能。

二是建议提供分区信息。建议在省××系统中提供参保人信息分区功能，并供审核主体调取，提高审核效率。

三是建议延缓审核期限。建议调整我市××审核期限限制，对××期间相关数据信息的审核期限，延长至×月×日之前。

以上请示事项妥否，请予以批复为盼。

××市医保局

202×年×月×日

第11章

绕不开的门槛：领导讲话

给领导写讲话稿是比较费脑子的事。一方面，领导的风格口味各不相同，即使服务于某位领导时间很久了，也难保证其对某些特定场合是否会有新的指示或者要求。另一方面，领导要拿着讲话稿上台，故而对待这类稿件会更加认真细致，要求也更高。因此，这类稿件比较考验"笔杆子"的综合能力，以及对领导偏向性的把握意识。在很多人看来，能游刃有余地写好领导讲话稿，意味着跨过了初学者的门槛，算是一名精英级别的"笔杆子"了。

 讲话稿其实就是"台词本"

11.1.1　会议的背景与意义

某月某日，某国企准备召开一次安全生产工作会议。按照议程安排，首先是由分管安全生产的副总经理宣读安全生产月活动方案，接着由几个部门做表态发言，最后由总经理做重要讲话。

要开这么一场会议，自然不是因为"闲极无聊"，肯定有其推动力。其中，最主要的因素是上级集团公司发了一份比较重要的文件，主题自然是关于近期安全生产的工作布置。同时，上级集团公司也在近日召开过相关的主题会议，会上要求各二级公司也要召开相应的会议。

因此，这算是一次"套开"的会议。

为了办好这次会，公司的安全监管部门参照上级文件起草了本公司的安全生产工作方案，作为会上下发的重要文件。同时，还提请会议通过几项制度文本，作为下一步安全生产工作的依据。

在此基础上，我们需要撰写总经理的讲话稿。

11.1.2　如何把握台词的风格

在不同场合讲话，是领导履行工作职责的方式，也是领导扮演好自身角色的必要动作。因此，"笔杆子"要做的，就是为领导提供好"台词"，帮助领导更好地履职，同时也让这个"角色"在特定的流程中更加出彩。

前文已经论述过，公文写作大概有 4 种不同的目的，具体到领导讲话稿这一层要更为复杂一些，可能是多种目的的融合、变异，或者又与这几种目的并不太相关，需要我们根据实践经验做出判断。

一般来说，要确定领导在某次讲话中所扮演的角色，可以按照"三步走"的方法，在不同的"坐标轴"上定位，从而为"台词本""出彩"奠定基础。

1. 内外有别

所谓内外有别，指的是针对发言讲话的受众（是行业内的，还是行业外的）对讲话稿做相应调整。

比如，面向社会的大型户外活动，领导要上台致辞，此时台下的听众大部分是围观群众。比如，行业主管部门召开宣传会议，领导要讲话，坐在现场的听众都是企业家代表。又比如，在一些网络直播或者电视直播会议上，领导的讲话会通过各种媒体渠道，传达给更加庞大的听众群体。

上述讲话场合，很大部分受众是行业外的，需要我们在讲话稿中做出相应的调整，语言要平实一些，生动一些，避免"八股气息"太重。同时，讲述的内容要精准，没有把握的不讲，免得带来不必要的麻烦。另外，可以更多地使用一些诗词金句等来润色讲话稿，使语言富有文采，打造相对更好的领导形象。

但也有一些会议是纯粹面向内部场合的，可以理解为"闭门会议"。比如，较为隆重的有党政各类全体会议或者扩大会议，较为权威的有党委常委会议、政府常务会议或者各个单位的班子会议，较为常见的有研究某个特定事项的专题会议，等等。

在这些内部会议上用的讲话稿就要沿循套路，需要更多的"八股"气息才能配得上其严肃的氛围。同时，还要根据会议的隆重程度，决定用词的简略和严谨程度。越是庄严肃穆的会议，发言稿越要精简，用词越要严谨。只有在少数情况下才会追求一些所谓的文采。

小贴士

当然，严谨准确本来就是公文语言的天然追求，只不过在不同场合下，对于其程度的理解有所区别而已。或者说，在有些内部会议上，领导根本不需要讲话稿，完全可以脱稿表达。这并不是说领导水平特别高，而是在这些会议上，一些用词或者表述不严谨不准确也无伤大雅。

2. 上下有分

所谓上下有分，就是要清楚发言者的角色定位，不同角色的讲话内容有很大差异。

我们"从上到下"，可以简单地将会议上的角色分为三种：决策者，参与者，推动者。打一个比方，他们分别是一场会议的"导演""配角"和"主角"。

各类会议的惯例规则不同，议程不同，参加人员的范围不同，预期的目的也不同，很难对参会人员的角色做清晰统一的划分。本书中的上中下三类，只不过是一般意义上的粗略区别，因为他们的讲话稿可能有相似之处。

所谓决策者，就是场上"最大"的人，给会议定调子、下结论、出成果的人，可以称之为"导演"。决策者讲话就会相对强势，会有更多的祈使句，文字表达上也会更加简略且直接。另外，这个"最大"的人还拥有思想教育方面的特权，只有他可以说出"思想上要高度重视""统一思想认识""正确看待某件事"这样的话，并且有权力也有责任去解释某件特定事情的重要意义。

所谓参与者，就是与会议主题在一定程度上相关，但又不是责任单位或者牵头单位，也就是所谓的"配角"。比如，重要决策会议上的列席单位，主题讨论会议上的参与单位，或者一些大型活动中的表态交流单位。这些单位可能不需要发言或者讲话，听听就好，也不需要准备相应的稿件。如果要准备讲话稿，一般就是突出一个态度端正，内容上点到为止，语言相对来说可以随意一些，篇幅也要有所控制，尽量不去喧宾夺主。

所谓推动者，就是召开这次会议的牵头人，同时也是会议结果的主要领受人，可以称之为"主角"。在很多情况下，如果没有这个推动者，那么这次会议根本就不会召开。比如，市政府领导召开了一次协调交通管理问题的专题会议，那么市交通局就是"主角"，这次会议是为解决该单位牵头的难题而召开的，会议形成的结论往往也需要以该单位作为牵头单位来具体落实。这类单位一般是会上第一个汇报的单位，具有"开启话题"的作用。所以，"主角"的讲话稿实际上是汇报稿，往往是总结前一阶段工作，提出问题和建议，然后听候"导演"安排。

3. 进退有异

所谓进退有异，就是根据自身在会议上的定位确定调子的高低，明确自己是应该高调登场，还是有事说事，抑或是埋头低调。这种进退的基调需要我们根据会议主题，以及自身在这场会议中的角色来判断。

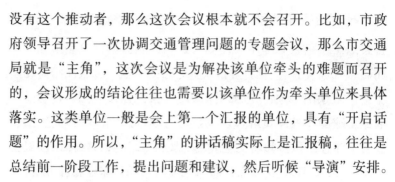

进退的判断与取舍，仅仅是针对"主角"与"配角"而言的，"导演"不需要考虑这个问题。

比如，在关于某个专题的大型会议中，我们作为做得比较好的"配角"，需要上台做先进典型的经验交流。这个时候，我们是春风得意的，讲话稿的格调也会相应地更加积极昂扬。反言之，如果我们是作为"后进者"，需要到台上去做"检讨"，那么便需要"俯首低眉"，调子要尽量低一些。而且，两者之间的内容也会有所不同。"先进者"的发言稿更偏向于经验交流，类似于"经验式"信息，而"后进者"的发言稿则更侧重于对未来的展望和谋划。由此看来，不同角色的稿件写法完全不同。

当然，进退之间的转换也是有技巧的。如果稿件写得好，内容丰富，也可以获得超出意料的"舞台效果"。比如说，我们虽然是上台去做检讨，但是发言稿中对下一步的改进措施写得十分精准而详尽，且具有很强的可行性，如果再加上领导个人优秀的"台风"，也能取得很好的成效。

11.1.3　找准自己的定位

这是某国企的一次安全生产会议，我们撰稿服务的对象是该国企的总经理。

通过上述"三步走"的分析方法，我们确定了以下几个问题：

首先，这是一次闭门会议，参会对象是企业内部的干部职工。

其次，总经理是场上权力"最大"的那一位，也就是"导演"，处于"最上风"的位置。我们所呈现的讲话稿，将成为此次会议最后的"重要讲话"。

最后，对于"导演"来说，不需要考虑进退的姿态问题。

综上，我们基本明晰了这篇领导讲话稿的特点：

因为是"闭门"的，语言平实即可，简略而专业，不需要增加太多的"文学化"色彩。

因为是"最大"的，讲话稿中要综合考虑多方因素，大部分由祈使句构成，旨在部署指挥相关部门和人员去做事情。同时，也要安排好"思想教育"内容。

因为不需要考虑"进退"，语言风格就可以保持平稳，没有必要妄自菲薄，也不需要去高喊什么口号。无论是对成绩，还是对问题不足，站在客观角度去阐释和评价即可。

定位清晰之后，我们开始搜集素材。这些素材包括上级的文件，企业内部安全生产部门制订的下一步工作方案，以及相关汇报材料等。基本上，我们对这次讲话稿的整体内容有了把握，在此基础上，可以继续搭框架、编语言。

(11.2) 先编排好框架结构

领导讲话稿的框架，参照本书第1章，就是"从认识到重点到保障"。

具体到这篇关于安全生产的动员讲话稿，我们初步构建了由三大板块组成的框架结构：

先进行思想教育，要求认识到这项工作很重要；然后部署任务，要求抓好若干项较为具体的工作；最后强调组织保障措施，明确要怎么去做好这些具体工作。

11.2.1 思想怎么教育

这是"导演"的特权，必须通过他的口来阐述，"主角"也好，"配角"也好，提一两句就可以，不能长篇大论，否则就有"僭越"之嫌。

同时，本书第1章也提及，思想教育可以从强调重要性和认识急迫性两个角度来论述。考虑到本次讲话稿的背景，该单位的安全生产工作并不存在太大问题，有点类似于"例行公事"的意思。所以，思想教育板块主要从重要性的角度去论述。

而要说明一件事物的重要性，我们一般会遵循"从大到小"的原则来展开。

先从国家层面的战略说起，讲讲国际背景，讲讲中央精神，讲讲国内外行业趋势，总之要尽可能地站在最宏观的角度来考虑问题。这部分内容涉及的相关素材，可以从上级的相关文件，或者其他公开的信息渠道获得。最便捷的办法是通过网络搜索获取。

第二部分可以从中间层面切入，讲讲上级的指导精神和工作要求。

最后一部分，可以着眼于当下，讲讲眼前面临的问题，或者可能存在的隐患，以及引起这些问题或者隐患的原因。这一块类似于讲述急迫性，只不过并不一定会突出是否紧迫这个话题。

通过这三个层次，可以较为全面地完成思想教育的段落。这一板块本质上是解决"为什么要做某件事"的问题，大部分内容与下一步的工作部署并没有直接的关联，而是一种纯粹从理论角度所做的说明。

因此，我们即便并不十分清楚具体的工作内容或者主题内涵，但只要善于搜集外部的资料，仍然能够将这部分拼搭出来。

11.2.2　内容怎么布置

这个板块是讲话稿的核心，也是篇幅最大的部分。对于讲话人来说，这是其履行领导职责的表现。比如，我们请日理万机的领导抽出半天时间开专题会议，目的就是借助领导的权威和资源，将一项项工作任务部署下去，调动各方面力量，共同推动一项工作的完成。

具体到本章的案例，我们作为负责安全生产工作的责任部门，向领导发起动议，建议领导召集相关部门召开一次关于安

全生产的会议，将一些安全生产工作要求部署给他们，让他们
与我们一起行动，共同完成目标任务。

　　读者应该已经发现，给领导写讲话稿，从写作心理
上讲，有点像"狐假虎威"：我们借助领导的力量去指派
任务，从而使一些较为困难的工作得以推进。而要实现这
个目标，就需要借助这份讲话稿，把我们的想法通过领
导的嘴说出来，最终使"我们的建议"转化为"领导的
部署"。

　　在具体内容安排方面，我们从上级文件以及公司安全生产
责任部门的方案中，大差不差地提炼了几点，然后按照大小框
架的模式加以编排。编排结果可以看本章的成文展示，这里不
再赘述。

11.2.3　资源怎么调度

　　第三部分是调度资源方面的内容了。

　　在本书第 1 章已经说过，这部分旨在展现领导的组织协调
能力。因为前一部分已经点出了"要干的事"，这部分就要指挥
协调各个方面的力量，通过有力的安排调度形成合力，从而解
决"大家要怎么一起干"的问题。

　　具体到工作实务之中，这部分反而是相对好写的，因为有
多种不同的套路可供选择。

　　一种套路，是直接从工作方案里套取，因为方案里必然会
有"组织领导""工作保障""职责分工""注意事项"等内容，

这些内容可以照搬到文稿之中。

另一种套路，是从上级相关文件里套取，因为这些文件里也会有相关内容，同样可以直接拿过来用。

小贴士

　　事实上，本单位的工作方案本身就套取自上级文件，两者殊途同归。

如果没有其他内容可套，也可以从一些常见的候选内容中，根据需要选取几个部分来拼凑。这些常见的候选内容包括：

组织领导：诸如成立什么领导小组，下发什么工作方案，压实什么责任，梳理各方面的职责分工，等等。

建章立制：诸如健全制度建设，优化细化制度规范，规范业务流程，强化制度执行和落实，等等。

要素保障：诸如加强资金、土地、人才等各方面的资源保障，或者为某些活动的开展提供后勤保障，抑或是某些专业性比较强的技术力量保障，以及培训教育，等等。

督查考核：诸如将什么方面的内容纳入考核体系之中，然后加上严肃考核纪律、科学设置考核目标、强化考核结果运用，以及开展专项检查，等等。

宣传教育：诸如多种平台、多种形式、多种载体，加强什么方面的宣传，营造什么样的内外氛围，等等。

这些候选内容，几乎可以"百搭"到很多场合的讲话稿中。我们在撰稿的时候，稍加注意并结合一些实际情况，便可以筛选出合适的内容。

小贴士

实际上，在撰写工作方案的时候，我们也可以借鉴上述候选内容，这也体现出其"百搭"的特点。

11.3 再组织好语言

讲话稿作为公文材料的一种，同样也要遵循公文语言的使用特征和运用习惯，但对于口语化，会有一定的容忍度。

至于是否需要考虑这种口语化的"调剂"，或者说是否要将其写入文稿，取决于领导的习惯，或者说取决于我们对领导习惯的理解和把握。部分领导乐意在文稿中体现口头语，这样便可以使其"读稿子"的行为更具吸引力。但也有许多领导并不喜欢在稿件中增加太多的口语化内容，而宁愿根据自己的理解临场发挥。

11.3.1 开场语的万能公式

讲话开头部分，直接用最简化的口语来处理，只要按照正确的格式表达即可。

也即完成以下的填空题：

今天，我们在这里召开_____会议，会议的目的是_____。会上，下发了_____文件，研究了_____等事项。刚刚，_____做了十分全面的汇报，_____、_____、_____等人做了_____发言，讲得都非常好，我都同意。下面，我再讲 × 点意见。

上面这段话，几乎可以用在99%的会议上。

如果是隆重的会议，就在第二句话里多加一些内容，比如表彰了谁谁谁，观看了什么视频，学习了什么批示精神，等等。

这些内容如同可拆卸的模块一样，可以根据需要安装进来，或者拆除出去，过程都十分灵活。

11.3.2 思想教育怎么上

思想教育这一部分的语言，相对来说还是比较自由的，而且领导也可能会脱稿来表达观点。

一般情况下，这部分可以借助以下规律来提高撰稿效率：

（1）做好 A 是 B 的必然要求（重要环节、必经之路、关键举措等），（2）介绍 B 的内容或者重要性，（3）因此，做好 A 这件事很重要。

比如，领导想说明"上级要求我们做好安全生产工作"这么一个道理，也就是提纲中的"上级要求"部分，可以按照上面的一般性规律写出这么一段话：

（1）做好安全生产工作，是坚决贯彻集团党委关于 ×× 部署，扎实推进安全生产 ×× 集中攻坚行动的重要举措。（2）今年初，集团党委下发了 ×× 文件，部署了安全生产工作的专项行动计划，并明确定期晾晒排名，结果纳入 ×× 考核之中；对未能完成 ×× 计划的，予以严肃追责。（3）因此，做好安全生产工作，对于我们顺利完成年度考核任务，加快科学化管理转型步伐，具有至关重要的作用。

在上面这样的句式之中，（2）在理论上可以无限增加。甚至领导完全可以脱稿，自由发挥，讲出更多的内容，类似于他自己是怎么看待这件事的，他是否通过其他渠道得到了更多可供分享的信息，他觉得这件事落实下来会有什么成果，等等。因此，这类发言内容，并不一定要原原本本写到讲话稿之中，倒是可以给领导留一定的发挥空间。

11.3.3 工作内容怎么讲

这部分可以采用完整版与精简版两种表述方式。

完整版的表述模式如下：

做好 A 对于取得 B 结果，有着很重要的作用。因此，我们要做好 A1、A2、A3 等，确保 A 能达到预期的目标。

精简版的表述模式如下：

做好 A，主要是做好 A1、A2、A3 等。

这两种不同的表述方式可以在文稿中自由切换，大致保持一致，就差不多能保证文稿各个板块的统一性和平衡性了。

以 ×× 为例，其完整版的表述如下：

（二）全面排查，消除隐患。做好 ×× 生产各个环节的风险排查，查找并弥补好各项薄弱环节，是消除安全生产隐患因素，将风险隐患消除在萌芽状态的有力举措，也是本次活动的重要组成部分。各部门、各子公司要高度重视安全风险排查工作，将其作为近期一项重点任务来抓，突出排查的科学性、全面性和有效性。一是要开展地毯式安全生产大检查，围绕 ×× 等易发生事故的薄弱环节，查找并梳理 ×× 等方面的漏洞，不留盲区、不留死角、全面评估。二是要强化排查全过程管控，建立完善的排查工作机制，明确排查内容，细化排查标准，严格落实排查责任。对照排查内容和排查标准，对于在排查工作中走过场、敷衍应付的，将严肃问责。三是要迅速整改安全问题，对查找中发现的问题，及时落实限期整改责任，制订整改方案。对排查中发现的紧急险情，应采取紧急措施，第一时间控制风险。

如果转化为精简版，则表述如下：

（二）全面排查，消除隐患。做好××生产各个环节的风险排查，将风险隐患消除在萌芽状态。一是要开展地毯式安全生产大检查，围绕××等易发生事故的薄弱环节，查找并梳理××等方面的漏洞。二是要强化排查全过程管控，建立完善的排查工作机制，明确排查内容，细化排查标准，严格落实排查责任。三是要迅速整改安全问题，对查找中发现的问题，及时落实限期整改责任。对排查中发现的紧急险情，第一时间控制风险。

实际上，完整版和精简版的内容区别，主要在于第（1）句话是否增加了关于这项工作重要性或者必要性的阐述。在完整版中，领导提出某件具体的工作，然后会解释为什么要做，做了有什么用等。解释完了，再分解工作内容。而在精简版中，领导提出某件具体的工作，接着便直接将工作任务分解下去，不解释"为什么要这么干"，反正"给我这么干"就行了。

在起草文稿的时候，我们选择完整版还是精简版，最主要的依据还是篇幅要求，或者说时间要求。比如，领导就打算讲10分钟，我们只能按照精简版的模式去写，否则容易超出预定的时间。

11.3.4　力量安排怎么谈

这部分的表述方式与前一部分相差无几，只不过这里很少会有"完整版"，几乎全部是精简版，甚至可以精简到每段只有一两句话，且这些语句往往是祈使句。

比如，本案例中关于考核督查的段落，一般会表述为：

××部门要将此次安全生产相关指标纳入年度考核体系之中，加强考核管理，定期通报进展情况。优化奖惩机制，对表现突出的单位，在年度评价中予以嘉奖；对指标排名靠后且整改不力的单位，予以扣分；排名末位的单位取消年度评先资格。

其实，这一部分在前文中已经阐述过，除了套用上级文件或者相关方案内容以外，我们还可以从固定的多种候选内容中选取适合的部分。平时可以准备好"备选资料库"，有需要的时候从中选择即可，这样就能够更高效地完成撰稿任务。

11.4 看看最后的成稿

在××领域安全生产专题会议上的讲话

同志们：

今天，我们在这里召开安全生产××专题会议，会议的目的是在习近平新时代中国特色社会主义思想指导下，认真贯彻好集团公司关于××的重要指示精神，研究部署好年内××安全生产工作。会上，下发了安全生产××专项活动实施方案，研究了××、××等×份制度文件。刚刚，××部门做了十分全面的汇报，××部门、××部门、××分公司等主要负责人做了表态发言，讲得都非常好，请大家认真学习好、贯彻好、落实好。下面，我再强调三点意见。

一、认清形势，提高站位，以更强烈的责任意识抓好××工作

安全是发展的前提，安全是各项工作的基石，安全是当前最大的政治任务和政治责任，容不得半点闪失。大家一定要统一思想认识，正确认识这项工作的重要意义，坚决贯彻好今天会议上部署的各项工作任务。一是正确认识特殊时间节点的新要求。今年是建党100周年，也是第××个全国××年，我们即将迎来××、××、××等大事、要事、喜事。因此，我们要时刻保持头脑清醒，扛起责任，正确认识抓好安全生产的极度紧迫性和极端重要性。二是正确认识××安全生产的新形势。去年以来，全国××领域共发生×起安全生产事故，死亡×人，造成直接经济损失×亿元，××领域安全生产形势仍然严峻。×月×日，省公司召开了××会议，会上××董事长做了重要讲话，突出强调了××的重要意义，并做出了××重要部署。会后，又印发了××文件，将××工作摆在××的位置。这是史无前例的，充分说明了××领导对这项工作的重视程度。三是正确认识××生产领域的新问题。在公司上下的共同努力下，我们实现了×年事故零发生的优异成绩。但是对照××等要求，我们的××、××、××等方面，仍然存在着不少问题，与上级领导的期望还有一定的差距。因此，我们一定要增强做好安全生产××工作的紧迫感，扎实推进××工作，坚守安全生产底线，有效遏制各类安全生产事故发生。

二、突出重点，明确目标，以更有效的实际举措推进××工作

紧紧围绕××主题，咬定"××"的目标，突出四项重点工作任务，推动安全责任落实到××全过程。

（一）狠抓关键，加强预防。立足公司实际，识别风险，全力抓好三大关键领域的预防防控。一是强化××动态管理，严格规范××、××、××等大型作业的风险防控。二是落实××操作规程。强化对××用品佩戴、××警示设置、××设施设备维护等环节的安全监管，加强对××、××等易发事故的防范。三是厘清××外包责任，对外包公司在××、××、××等安全管理规定和相关实施细则的执行情况开展定期检查，确保××等规定得到有效落实。

（二）全面排查，消除隐患。做好××生产各个环节的风险排查，将风险隐患消除在萌芽状态。一是要开展地毯式的安全生产大检查，围绕××等易发生事故的薄弱环节，查找并梳理××等方面的漏洞。二是要强化排查全过程管控，建立完善的排查工作机制，明确排查内容，细化排查标准，严格落实排查责任。三是要迅速整改安全问题，对查找中发现的问题，及时落实限期整改责任。对排查中发现的紧急险情，第一时间控制风险。

（三）强化动员，注重演练。突出基层一线在安全生产管理体系中的重要性，充分动员基层力量。一是加大培训力度。制订××计划，建立××培训机制，确保一线车间和××班组的主要负责人、安全生产管理人员、新上岗人员的培训学时不低于××小时。二是开展应急演练，按照规定要求，制订××应急演练计划，确保年内开展不少于×次的演练活动，提升应急处置能力。三是组建××队伍。各一线单位都要组建一支不少于×人的××队伍，加强对××等紧急问题的处置效率。

三、强化领导，凝聚合力，以更扎实的××体系保障××落实

（一）强化组织领导。成立以我为组长的××领导小组，各部门、各分公司主要负责人作为成员，要予以重视，亲自抓好这项工作。××部作为牵头部门，要在××、××、××等方面加强指导。要把××活动纳入××重点工作计划，与××、

××等当前生产经营中的重点××相结合，明确责任分工，统筹开展各项工作。

（二）加强考核督查。××部门要将此次安全生产相关指标纳入年度考核体系之中，做好考核督查，定期通报进展情况。优化奖惩机制，对表现突出的单位，在年度评价中予以嘉奖；对指标排名靠后且整改不力的单位，予以扣分；排名末位的单位取消年度评先资格。

（三）严明工作纪律。要严格执行××纪律，严格约束和规范安全管理行为，公司各层级职工都要担好责、站好岗、把好关。对××工作中存在弄虚作假、消极应对、玩忽职守等行为的，一经查实，从严问责。

（四）营造宣传氛围。围绕"××"主题，积极开展多种形式的宣传教育活动。通过××、××等载体，以××、××、××等形式，营造浓厚的安全教育氛围。

同志们，当前××工作任务艰巨，务必迅速把思想和行动统一到××部署上来，全力以赴，确保××，以××的成果向集团××周年献礼。

第12章

工作方案

我是来教你怎么做事的⋯

以组织力量为目的的文稿，包括各类实施意见、工作方案等，也有其鲜明的撰稿套路和写作模式。对于这类文稿，"能套则套"，只要有上级对应的模板，大可以"一套了之"。但如果遇到没有东西可"套"的，就需要掌握一定的方法和技巧，才能完成任务。

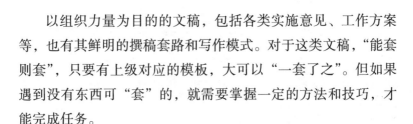

12.1 一场演讲比赛引发的方案之争

12.1.1 办比赛的起因

某市法院迎来新领导，"新官上任三把火"，新上任的院长表示要在"五四"期间举办一场主题演讲比赛。

> **小贴士**
>
> 本案例发生于 2022 年 3 月，相关内容带有时代背景因素，请各位读者注意。

考虑到"五四"这个主题，根据领导的意见和部署，这次活动由院里的团总支承担组织策划工作，所有参赛人员也按照内部不同的团支部归属划归不同的参赛单位。

为了让这次活动更加热闹，院长同意拿出 4000 元作为奖金，设立不同的奖项等次，对不同等次的获奖者给予奖励。

对于其他更加具体的事项，院长并没有说太清楚，只是要求我们先拿出一个方案。

小贴士

对于这类活动的组织，领导有指示，但一般不会有太细、太明确的指示，需要我们结合实际，根据我们对于客观情况以及领导倾向性意见的判断来决定具体内容。

12.1.2 第一次讨论的结果

我们团总支领受写稿任务之后，组织了一场内部讨论，基本完善了整个活动的组织模式，以及活动方案中的一些关键内容。

首先，主题是"五四"，这是时间节点决定的，也是领导明确指示的。但是，作为法院系统的活动，也需要与法治等因素相结合，不然就显现不出法院的组织特色。

（1）要确定演讲的形式。这类内部活动最保险的方式就是因循守旧，不讲求太过激进的创新。特别是考虑到演讲场地要放在法院内部，太新颖的方式可能难以得到硬件或者其他后勤方面的支持。经过讨论，演讲比赛仍然采取传统的"单人表演"形式，且每个人的演讲时间控制在10分钟以内。

（2）参赛人数要明确范围。考虑到"五四"下午青年职工放半天假，演讲比赛必然要安排在上午，时间有限，所以要控制好参赛人数。因为单人演讲时间控制在10分钟内已经明确，考虑到主持人需要一定的时间串场，再加上领导颁奖，以及最后可能会有的"重要讲话"，最后拟定参赛人员控制在10人以内。

（3）采取什么样的评分模式值得思考。在评分标准方面，众人一致认为这一内容似乎有点专业，还是借鉴其他单位现成的做法为好。于是，从网上、周围其他单位寻找了一些演讲比赛的评分方案，觉得相对比较合适的，就直接"借鉴"过来了。然后在评委组成上，按照传统做法，将法院 7 名领导班子成员列为评委。在具体打分方式上，依惯例去掉最高分和最低分后，计算平均分，作为最后得分。

（4）关于奖项设置，院长要求控制在 4000 元以内，所以既要充分用好这笔钱，又要让奖金有一定的吸引力。经讨论，设置一等奖 1 名，奖金 1500 元；二等奖 2 名，奖金各 800 元；三等奖 3 名，奖金各 300 元；合计 4000 元，完美。

最后，明确组织领导方面的内容。不能所有事情都自己去干，还可以分出来一些给其他部门。特别是涉及后勤保障方面的事务，单靠团总支不现实。所以，方案中应当明确领导小组的名单，将院办公室、院政治部、司法警察大队等部门也拉了进来，这样就形成了大家一起干的模式。

另外，关于其他的一些细节问题，我们认为尚无法考虑到这么多，可以在方案形成之后再进一步完善。

12.1.3 领导的指示意见

通过上述思考形成初步决策后，团总支书记向院长做了专门汇报，院长做了五点指示：

一是评分标准没意见，但是评委组成人员需要调整，全部由领导班子组成不妥，可以邀请一些外部代表委员或者普通群众，让评分结果更加客观。二是关于奖项设置，院长表示既然人数不算多，那应当考虑"人人有份"，保护参赛者的积极性。如果钱不够，那就缩小奖项之间的差距。三是在组织结构上，院长表示需要各部门协调配合的事情写在方案里即可，方案由院办公室发文，也可以明确各部门的职责，不需要再多此一举。四是在活动程序上，院长表示最后的讲话就免了，可以安排评委点评环节。活动结束后，大家一起合个影就可以了。五是在参赛名单上，院长提出既然人数要控制在 10 人以内，那么正好让 3 个团支部每个支部派 3 个人参赛，这样一共就 9 个人。

根据院长的指示，团总支又讨论了一次方案，除了最初想到的几个要点之外，大家"七嘴八舌"地凑了很多值得注意的事项：

（1）会场要设置好麦克风，包括固定的和可移动的；如果有视频或者 PPT 之类，也要准备好相应的展示设备。

（2）现场要有横幅，横幅上面的字要事先考虑好。

（3）要重视宣传，通过各种平台发布宣传信息，不能把活动搞得悄无声息。

（4）要安排若干名干警在会场巡逻，维持秩序。

整理完上述各项要求之后，终于可以进入正式写稿阶段了。

12.1.4　过程的总结

前文之所以不厌其烦地介绍方案讨论、汇报请示等细节，其实是想展现一份方案的酝酿和完善过程。

与其他文字材料相比，方案是更加贴近实际工作的一种文体。因为方案的内容可以直接作用于某项具体工作，成为该项工作的指导性文件。所以在方案中，常常需要超脱于文字事务，而着眼于这项工作应该怎么去做。

越着眼于具体事务的方案，写稿难度越大。起草一份实施某某宏观战略的方案，那相当于就是写一份工作计划了，将各条线上的工作内容"凑拢"即可，甚至可以直接"套"上级的文件，当然前提是上级已经印发了同样主题的方案文本。

但如果是一次具体活动的方案，比如本案例的这种演讲比赛，编制方案的难度就会直线上升。

首先，基本不会有上级现成的文本供参考，需要根据自己的实际情况写出一份"原创"稿件。

其次，所涉及的内容非常细致，不能用笼统的一些名词或者概念蒙混过关，否则到了具体实施环节，就会面临无法落地的尴尬。

最后，这类方案还要面临层层审核把关，需要反复修改。

所以，方案文稿的写作实质上并不是考验"笔杆子"的公文写作能力和水平，更多的是考验写作者对具体工作的把控统筹能力。

我们要考虑周全。因为任何一场活动，即使再小再简单，也会涉及各个方面的力量组织、程序设置和资源保障，而这些环节都需要考虑周全。一旦某个环节出现遗漏，就可能会影响整个活动的正常开展。

小贴士

比如，政府主办的某场展会活动，可能需要交警部门提供交通管理方面的便利。但如果这个展会的牵头单位在方案设计中没有考虑到这个问题，也即没有考虑到交警部门的配合职责，那就埋下了隐患，很有可能会在一片混乱的交通环境中开启一场展会。

我们要重视细节。因为从纸面上的文字到实际操作执行，中间面临的是种种细节事务，需要我们临场做出应对和调整。当然，我们不奢望能弄出一份可以百分百应对所有状况的方案文稿，但至少要有往这个方向努力的自觉意识。

当然，最重要的是，方案中要完整地体现出领导的意志。

领导并不关注方案的文字写得是否精美，但一定会关注这场活动的组织筹办是否顺利。而组织筹办的效率，很大程度上就取决于方案谋划的质量。因此，领导经常会"亲自下场"，对关键内容也好，对细节事项也好，提出自己的观点和意见，决定整个方案的核心内容。

小贴士

　　当然，领导并非是对这种方案文本有多大的兴趣，只不过是重视某场活动本身，并将这种重视的心态投射到方案文本之中罢了。

　　综上所述，看上去简单的方案，要写好未必容易。这种反差来源于工作方案本身与具体工作实务的紧密关联特征。因此，在撰写方案的过程中，重要的是考虑周全、注重细节，并且能够体现出领导的思路和意志。

12.2 解决问题，着手搭框架

　　工作方案的框架在第1章中已经做了介绍，即"从务虚到务实到要求"。沿循着这样的思路，整个文稿可以分为三大块。

12.2.1 先扯大旗出来

　　方案的第一大块，主要是堆砌基本道理，用来说明此次活动的重要性和综合价值。这类内容跟方案所指向的实际工作并没有直接关系，写得"好"与"不好"，其实都不影响方案的质量。

　　这类内容主要从几个部分来体现：

最明显的就是帽段，也就是全文的第一段。这段话的逻辑思路就是说明活动是多么重要，有什么价值和意义，预期要取得什么样的成果。为此，我们特意制订了这么一份方案。而要表达出上面这么多的意思，就需要一些相对比较高调的语言来占据"制高点"。

接着，是方案中的主题、指导思想、目标原则等。这些地方也需要用一些比较"高大上"的内容来"装饰"，使整个方案更加有格调。

当然，实际上这类有格调的内容与方案的实际指向意味并不一定完全吻合，主要是为了突出站位"高"，以及表达"精美"。实际上，领导对这部分并不在意，而且方案落实到具体执行环节的时候，也没人会仔细盯着看这部分到底写了什么。

所以，按照上述的结构编排要求，就形成了下面这样的逻辑思路：

××活动方案

为……（一小段"高大上"的内容），经研究，决定举办××比赛活动。特制订如下方案：

一、活动主题

（一两句"高大上"的内容）

二、指导思想

（一小段"高大上"的内容）

三、原则目标

（一小段"高大上"的内容）

这样一来，就凑成了工作方案的前三分之一内容。

12.2.2　细之又细定内容

写完了前面"务虚"的三分之一内容之后，中间的三分之一内容是最考验统筹能力的部分，也决定了方案的实际应用成效。

一般来说，这部分内容我们需要从几个方面加以考虑：

首先，谁来组织。主要涉及是否成立领导小组，以及领导小组成员名单等。这类工作有些方案必须有，而有些方案则可以没有。领导小组是否要有，名单范围是大是小，都取决于具体工作的需要。

其次，时间地点。这是必要的，确定好内容就行。对于有些时间跨度比较大、地点也会有变换的复杂案例，可能在这一方面要考虑更多。

再次，有谁参加。这里指的是参加对象，而且是主要的参加对象。如果是会议方案，那就是参会人员范围。

最后，什么程序。这是核心内容，包括活动的先后顺序、具体程序、每个程序的要求等。如果是会议方案，那么就要罗列出会议的议程。

当然，不同工作所需要的方案差别很大，上述四个方面元素的排列组合也很多变，有些部分可能还会省略掉。但是我们在起草方案的时候，可以从上述四个方面入手去考虑，这样就能减少重大的疏忽和遗漏。

按照上述四个方面，我们形成了方案中间三分之一内容的大致框架：

领导小组：说明本次演讲比赛活动在谁的领导下，由谁承办，由哪些人组成领导小组。

活动时间：说明什么时候举办，为期多久。

活动地点：说明具体的地点。

参加对象：考虑到这是一场演讲比赛，主要参加人员分为三类，即参赛人员、评委和观众。其中，评委组成可以在下面的活动程序中予以说明，这里主要说明有哪些人参赛，以及参赛人数等。至于观众，由于是开放式活动，到时候可以通过各种内部渠道发动人员观看，可以不在方案里明确。

比赛流程：最核心的环节，也是需要考虑最多的部分。作为一场演讲比赛，结合上述讨论内容，再按照领导指示，可以分为几个具体的组成部分：

一是演讲的主题范围：相对务虚一些的内容，可以从前三分之一内容里套一两句话，在此处重复利用。二是演讲时间的控制：根据讨论的结果，每位选手的时间应当控制在10分钟以内。三是演讲的形式：演讲稿要如何报送，如果有视频或者图片应当怎么处理等。四是演讲的评分：包括评委由谁组成，评分标准是什么，按照什么规则计算分数并展示等。

12.2.3　全面周到提要求

方案最后的三分之一内容，是提出各种保障举措，也包括各类注意事项。这部分内容有点像领导讲话中的"保障措施"，旨在解决"怎么干"这个问题。在很多时候，这部分内容是可以相互穿插的。

> **小贴士**
>
> 比如，本方案制订之后，如果院长要召开一次关于组织好这次演讲比赛的动员会，那么院长讲话的最后一部分就可以直接套用方案的这部分内容。

与中间的三分之一内容相同，这里的内容也相对烦琐，需要考虑到方方面面。同样地，不同的活动会有不同的注意事项，需要结合实际来考量。但是从经验角度出发，一篇方案在最后部分大多会关注三个方面的内容。

1. 安全

涉及安全的事项，主要包括对参与者的提醒和对组织者的要求两类。对参与者的提醒，包括天气、场地、交通等外部因素，旨在让参与者注意并配合，从而保障自身安全。对组织者的要求，则包括哪个环节要加强安保，哪些设施设备要提前准备，哪些安保措施要提前落实等。这些安全性要素既包括事前的准备，也涉及事中的临场管控等。

考虑到本次演讲比赛只是单位内部的一次活动，安全方面的事项相对不多，在方案里基本可以省略。

2. 有序

工作有序进行的要求相对较多，可以从多个角度去理解。比如，现场秩序要确定专人来维护；物资保障要齐备，确保没有遗漏；人员各自分工要清晰明确。同时，有序化的要求，还强调各部门之间的统筹合力，以及相互之间的责任布局等。因此，这一段有可能会突出每个部门的职责。

经讨论，本次演讲比赛我们需要注意的事项主要是设备安排、现场人员秩序维护等，再加上一些人员组织力量的安排提醒，基本上就可以凑成完整的有序保障内容。

3. 知名

这是宣传方面的要求，主要是明确在活动过程中以及活动结束后，通过什么样的举措去做好宣传。有些方案也会要求在活动开展之前，通过一些宣传活动来增加影响力，具体还要根据活动本身想要取得的宣传效果而定。

本次演讲比赛的宣传内容，在前面的讨论中已经形成了一些初步意见，将其纳入文稿即可。

小贴士

上述三块内容，也仅仅是为了考虑问题方便而设立的，并非完全或者必须要分三个段落。在实践中，方案的注意事项可以分为好几个点，只不过这些点大多离不开上述三块内容而已。

12.3 依托框架，组织文字

对于一份方案来说，语言文字并不是特别重要的。站在极端的角度说，只要内容都考虑周全到位了，即便里面的文字全部用基本口语凑起来，也无伤大雅。也正是因为工作方案这种极端重视实际效果的特点，所以其文字相对而言较为随意。

一般来说，一篇方案中的文字形式主要分为三个部分。

12.3.1 务虚部分怎么写

如果是在帽段，这类语句就是简单而纯粹的：

为了 A1、A2、A3、A4…An，经研究，决定举办 ×× 活动。特制订如下方案：

这里的 A1 ～ An，都是统一的动宾结构，表达"高大上"的目的。

结合本次演讲比赛的主题，有以下几个可供选择的内容：

A1：深入学习贯彻党的十九大以及十九届历次全会精神。

A2：积极践行习近平新时代中国特色社会主义思想。

A3：树立新时代中国特色社会主义司法理念。

A4：推进青年干警队伍建设。

A5：传承"五四"精神。

A6：提升业务素质。

A7：增强争先创优的积极性。

A8：树立良好的精神面貌迎接党的二十大胜利召开。

实际上，这类定式结构可供选择的内容非常多，要看我们如何判断。如果这些内容是跟活动主题关联比较大的，那么就可以毫不犹豫地放进去。如果与主题关联不是特别大，那么除非一定要撑起一定量的字数，否则没有必要加入。

所以，这里的帽段可以写成如下内容：

为深入贯彻党的十九大和十九届历次全会精神，积极践行习近平新时代中国特色社会主义思想，牢固树立新时代中国特色社会主义司法理念，扎实推进全院青年干警队伍思想建设，引导青年干警传承"五四"精神，加强政治建设，增强业务素质，进一步提升立足岗位、创先争优的积极性，以良好精神风貌迎接党的二十大胜利召开，经研究，决定举办"五四"青年节主题演讲比赛活动。

如果是在主题或者原则目标等板块，直接想几个简单的词语放上去即可，甚至不用形成文字。如果能凑成一些排比句或者格式工整的语句作为题目，就可以称得上十分完美了。

比如：

活动主题：践行习近平新时代中国特色社会主义思想，弘扬"五四"精神，奋进新征程，建功新时代。

这些内容不需要动太多脑筋，借助百度或者 ChatGPT 就可以十分顺利而快速地完成。

> **小贴士**
>
> 主要原因是这部分根本不受人关注。就算方案被印发下去，不管哪个方面的读者，基本都会跳过这部分文字，直接去看更有实际意义的内容。

12.3.2 务实部分怎么写

这部分以陈述句和祈使句为主，语言必须精准简练。在实际撰稿的时候，我们先完成一些最简单的纯粹罗列式的内容。

比如：

本次演讲比赛活动在院党组的领导下，由院团总支具体承办。根据院主要领导意见，成立活动领导小组，组成人员如下：

组长：×××

副组长：×××、×××

成员：×××、×××、×××、×××、×××

比如：

活动时间：5 月 4 日（星期 ×）上午 × 点开始，为期半天。

活动地点：×× 多功能会议室。

像这类内容，拍板决定后直接放上去，不需要考虑文字表述技巧，注意简洁有效即可。大多数情况下，甚至也没有什么可以改进的空间。

相对复杂一些的，就是一句相对完整的陈述句或者祈使句了，但同样也要求简洁。

比如，关于参赛人员的规定：

本次活动共9名参赛选手，由每个团支部各选派3名干警。各支部的参赛名单请于×月×日下午下班前报××处。

比如，关于演讲时间限制的表述：

参赛选手演讲时间限于10分钟内。

而在本案例中，相对复杂的恐怕就是比赛流程了。当然，这种复杂性主要体现在具体内容的谋划和考量上，而在文字方面，仍然以简单的陈述句和祈使句为主。

关于演讲内容：

围绕习近平新时代中国特色社会主义思想，弘扬"五四"精神，主题鲜明、视角独特、情感真挚、鼓舞人心、语言生动，能够反映新时代人民法院青年干警朝气蓬勃、开拓进取、无私奉献的精神风貌。

演讲评分部分最为复杂，里面又分为几个不同的事项，每个事项可以用一句话来概括。

评分方法：

1. 评委组成：评委共7人，由院领导代表2人、团支部代表3人、群众代表2人组成。

2. 评分标准：

（1）形象风度（×分）：着装得体、精神饱满……

（2）演讲内容（×分）：思想内容紧扣主题，表达真挚……

（3）语言表达（×分）：语言规范，吐字清晰，语速适当……

（4）会场效果（×分）：具有较强的感染力、吸引力和号召力……

3. 计分方式：

（1）每位参赛选手演讲结束后，评委直接亮分。

（2）各评委评分分值相加后取平均值，为选手的最后得分。

（3）小数点后保留 2 位，得分相同情况下，取并列名次。

从上述的案例展示可以发现，方案文稿中很多都是较为简单的叙述，文字简洁即可。

12.3.3　注意事项怎么写

典型的语句是某某要做什么，或者说某某要注意什么，分为主动和被动两种说法。

主动的表述方法旨在强调哪些主体要履行什么样的职责，典型句式是：

A+B+C

A：谁

B：要干什么

C：取得什么样的结果

有需要的话，前面再加一个小标题，小标题之后跟进这个句式。

比如：

（一）加强秩序管理：法警大队安排 3 名干警负责秩序维护，确保井然有序的现场氛围。

"加强秩序管理"是小标题，"法警大队"是主体，"负责秩序维护"是要做的事情，"确保井然有序的现场氛围"是预期取得的结果。

在实践中，A 可以省略，省略 A 意味着牵头单位或方案起草人就是要做这件事的人。C 也可以省略，不用点出具体的成效。

比如：

（二）做好新闻宣传：确定专人负责现场摄录，并在活动结束后撰写新闻稿，通过内网或新媒体等平台进行宣传。

这句话把 A 省略了，那就意味着牵头部门"团总支"就是要干这件事的主体。同时，C 也省略掉了，因为这种事不好明确一个具体的结果。

小贴士

所以，起草方案的牵头部门如果想借助外部的力量，就必须要在方案中写明主体，否则一切事务就都落到自己头上了。

而被动的表述方法旨在强调参与的"围观群众"要注意什么，句式与上文一样，也是 A+B+C 的结构，只不过经常会省略 C。

比如：

除参赛选手和主持人外，其他现场人员应遵守疫情防控相关规定，保持合理间距，佩戴口罩。

这里"除参赛选手和主持人外"的"其他现场人员"就是主体，而剩余内容都是要注意的事项。

在注意事项这一部分，从主动角度出发的内容会比较多，从被动角度出发的内容相对比较少。这主要是因为方案的可传达性。工作方案本身就是给主办人与协助人做"指南手册"的，而一般的"围观群众"并没有机会看到方案文本，提醒他们要注意什么自然也就没有了意义。

12.4 方案的最终呈现效果

2021年××市人民法院"五四"青年节
主题演讲比赛活动方案

为深入贯彻党的十九大和十九届历次全会精神，积极践行习近平新时代中国特色社会主义思想，牢固树立新时代社会主义司法理念，扎实推进全院青年干警队伍思想建设，引导青年干警传承"五四"精神，加强政治建设，增强业务素质，进一步提升立足岗位、创先争优的积极性，以良好精神风貌迎接党的二十大胜利召开，经研究，决定举办"五四"青年节主题演讲比赛活动。

一、活动主题

践行习近平新时代中国特色社会主义思想，弘扬"五四"精神，奋进新征程，建功新时代。

二、活动原则

本次活动坚持自愿自主、公平公正、诚信守纪的原则。

三、活动组织

本次演讲比赛活动在院党组的领导下，由院团总支具体承办。

成立活动组织领导小组，组成人员如下：

组长：×××

副组长：×××、×××

成员：×××、×××、×××、×××、×××

四、时间地点

活动时间：5月4日（星期×）上午×点开始，为期半天。

活动地点：××多功能会议室。

五、参赛人员

本次活动共9名参赛选手，由我院三个团支部各选派3名干警组成。

各支部的参赛名单请于×月×日下午下班前报××处。联系人：×××。联系电话：×××。

六、演讲要求

（一）演讲主题

必须围绕习近平新时代中国特色社会主义思想，弘扬"五四"精神，主题鲜明、视角独特、情感真挚、鼓舞人心、语言生动，能够反映新时代人民法院青年干警朝气蓬勃、开拓进取、无私奉献的精神风貌。

（二）演讲方式

参赛人员必须脱稿演讲，每人演讲时间限于10分钟以内。

（三）演讲内容

各参赛人员应于×月×日前将演讲稿电子版发到内网邮箱×××收。如需背景音乐、图片和视频等配合演讲的，请自行准备。

七、评分方法

（一）评委组成：评委共7人，由院领导代表2人、团支部代表3人、群众代表2人组成。评委名单于×月×日前报领导小组研究确定。

（二）评分标准：满分100分。

其中：

1.形象风度（10分）：服饰得体，精神饱满，能较好地运用姿态、动作、手势、表情，表达对演讲主旨的理解。

2.演讲内容（40分）：思想内容紧扣主题，表达真挚，观点正确鲜明，见解独到，内容充实具体；讲稿结构合理，联系实际，构思巧妙，引人入胜，文字简练流畅，具有较强的思想性。

3.语言表达（40分）：语言规范，吐字清晰，语速适当，能脱稿演讲；语气、语调、音量、节奏符合思想感情的起伏变化，能熟练表达所演讲的内容。

4.会场效果（10分）：演讲具有较强的感染力、吸引力和号召力，能较好地与听众感情融合在一起，营造良好的演讲效果；演讲时间控制在10分钟以内。

（三）计分方式：

1.每位参赛选手演讲结束后评委直接亮分。

2.各评委评分分值相加后取平均值，为选手的最后得分。

3.小数点后保留2位，得分相同情况下，取并列名次。

八、奖项设置

此次比赛设一等奖1名、二等奖2名、三等奖3名，其余为优秀奖。

其中，一等奖奖金1000元，二等奖奖金各600元，三等奖奖金各400元，优秀奖奖金各200元，合计4000元。

九、活动流程

（一）主持人介绍情况。

（二）院领导宣布比赛开始。

（三）参赛选手按照抽签顺序依次演讲，评委打分。

（四）评委会推选1名评委，负责对每位参赛选手的演讲进行点评。

（五）颁奖。

（六）集体合影。

十、注意事项

（一）做好会场布置。在会场设发言席，准备固定和移动麦克风各一只。主持人站立并使用移动麦克风主持，参赛选手使用固定麦克风演讲，便于展示形体动作；会场中间第一、二排设评委席，摆桌签。

（二）强化现场氛围。会场 LED 屏显示演讲主题和图片，如演讲者有需要，可播放音乐、图片或者视频。会场悬挂横幅，横幅内容为"××主题演讲比赛"。

（三）加强人员调配。团总支安排 3 名工作人员，负责计分；院办公室负责安排人员照相及全程录像；法警大队安排 3 名干警负责维护秩序，防止会场出现随意走动、喧哗等现象，确保井然有序的现场氛围。

（四）做好新闻宣传。确定专人负责现场摄录，并在活动结束后撰写新闻稿，通过内网或新媒体等平台进行宣传。

（五）落实疫情防控。除参赛选手和主持人外，其他现场人员应遵守疫情防控相关规定，保持合理间距，佩戴口罩。

第13章

论「笔杆子」的修养

我的前一本书最后一章的题目是"公文写作人员的素质培养"。现在回头看，那一章其实十分突兀，有种一下子"从文到人"的思维跳跃感，显得有些生搬硬套。但值得一提的是，那其实并不是最后一章，严格地说应该是第一章。因为按照撰稿顺序，那一章是我最先动手写的部分，而且与其他章节的成稿时间相隔较长，所以会让读者产生割裂感。

在那一章里，我用一种"站着说话不腰疼"的姿态，通过比较"八卦"的手法展示了几名"笔杆子"的苦恼与困惑，谈了几点对于"素质培养"这个话题的想法。但是写完后发现，我没有将自己代入进去，过多地谈论别人，讲述自己太少。

因此，这里我将以自己为案例，现身说法，剖析自己的思维套路，针对"笔杆子"的修养做个浅谈，供各位读者参考。

时时刻刻"讲逻辑"

公文写作首先是一项技能，其熟练程度不因你的岗位变动而变动，不因你的角色变化而变化，也不因你的个人沉浮而沉浮。

它是一种文字表达的技巧，背后体现的是写作者的逻辑思维能力。擅长公文写作，不但意味着在文字表达方面游刃有余，更强调对事物的认识、分析和判断意识。

所以，我们时时刻刻在"讲逻辑"。

因为逻辑是公文的灵魂，是贯穿每一个字词的主线，也是支撑公文框架的根脉。

海量的公文材料，无论是多么复杂的类型，都在漫长的岁月中形成了一系列固定的框架布局。这种殊途同归的背后原因，就是它们有相对固定的逻辑关系。正如同我们学生时代语文课上讲的中心思想，不管作者是悲天悯人也好，伤春悲秋也罢，每篇文章都会有一个主旨。而文章存在的意义，就是达到作者写作的主旨和目的。至于文章的框架，自然是在这种主旨和目的之下所形成的最简便、最高效、最优化的逻辑体系，以及其体现和反映。

为什么大家都是"先写现状，再写问题，最后写建议"？为什么大家都是"先思想教育，再强调重点，最后部署保障措施"？为什么大家都是"先概括总况，再叙述经过，最后讲价值"？其背后也都是因为表达逻辑的固定化。

框架还仅仅是相对"大而化之"的部分，具体到每一章每一节的先后排列，每一项内容的归属判断，每一个词语的斟酌取舍，都取决于背后的逻辑需要。

哪些事情更要紧，就摆在前面。

哪些前提很重要，就先说清楚。

哪些事情可拆分，就灵活安排。

而对这些内容的理解和分析，都需要有一定的逻辑思维来支撑。如果逻辑陷入混乱，便容易出现语无伦次的问题。

13.1.1 万事要分点

"讲逻辑"的要求，反映到"笔杆子"身上，就是平时思维模式的训练和转变。其中，最明显的就是"万事要分点"。

我曾看过一个视频，内容是一位老师与观众之间的连线问答。有位观众说："我主要有三个问题，每个问题下面又有若干个小问题……"这位老师马上问道："您是公务员吧？"看到这里，我不禁会心一笑，心想这人不但是个公务员，恐怕还是在文字岗位上工作多年的"老笔头"。

因为我们写了太多稿件，无论是大框架，还是小篇章，都要不停地分一二三、（一）（二）（三）、一是二是三是……

久而久之，"分点"成为我们头脑思维中的第一反应。即使回归到生活中，我们在分析问题或者提出观点的时候，也离不开"分点"的习惯，仿佛不分点就说不出话来了。

为什么这件事情要这么干？有三点理由，一二三……

你认为这个问题背后的原因是什么？有四点原因，一二三四……

下一步我们打算怎么处理这件事？有五个举措，一二三四五……

久而久之，"笔杆子"们说话做事都养成了"分点"的习惯，形成了条件反射。

但形式上的"分点"，还要结合实质上的内容判断，否则分出的"点"就会显得混乱不堪，特别是容易将一些互相之间关联性不强的东西强行拼凑，又或者将同性质的东西"棒打鸳鸯"做不合理的拆分，这些都不是正确的处理方式。"分点"分错了，就如同没有"分点"，是一种失败。

13.1.2　判断要准确

因此，思维上的第二层条件反射，就是自发地追求对事物性质的准确判断。

你说的这个东西，是现象，是原因，还是结果？

你提的这个问题，是内因，是外因，抑或兼而有之？

你定的这个指标，是过程性指标，是约束性指标，或者仅仅作为参考指标?

我们仿佛刚刚接触这个世界的婴孩,摸索着每一块积木,判断它的颜色、形状以及上面的图案。

组织领导层面的、体制机制层面的、举措手段层面的;

宏观形势影响的、行业特点导致的、要素保障影响的;

思想认识上的、技术方法上的、作风建设上的……

活脱脱一台"人肉分析机器",天然地想让每一件事都找到自己的归属。

反映在生活中,也是不停地思考,这件事物的本质是什么,表现出的特点是什么,与什么方面的内容可以"包容在一起"。只有认识清楚了,才不会妨碍"分点"。

长期反复地处于这样的思维锻炼之中,对任何事物都希望判断其本质属性,然后按照不同的标准"分点",是"笔杆子"思维方式的特点之一,也是我们适应工作环境和工作模式的必走之路。

13.1.3 文字要工整

思维层面的最后一个特点,就是工整。

无时无刻不在追求工整。

不管在什么场合之下,都喜欢精致而工整的表达方式。

用笔者家乡温州话来说,就是"顿起来"。配合起"万事要分点"的思维习惯,效果更佳。

首先,"万事要分点"会将所有的内容分成一二三,井井有条,有了大概的体系和顺序。

然后,还要——甚至是必须要——将这些"一二三"套上工工整整的词句。

比如，字数要一样，语法结构要一样，甚至还会费尽心思去拼凑一些看上去十分新奇而又很难显现水平的工整的"起手式"，努力向"骈体文"学习。

小贴士

比如本章三小节的小标题——时时刻刻"讲逻辑"、端端正正"讲规矩"、兢兢业业"讲细节"，完美而工整！

很多"笔杆子"经常要依赖搜索引擎，通过这种信息化的手段来弥补"人脑"的有限和不足。比如，我们要写四个小标题，都用"力"作为起手，但是用"全力、着力、聚力"组织了三个标题之后，咋都想不出第四个"力"，就只得"百度一下"关于"力"这个字的组词，从而解决眼前的难题。ChatGPT 兴起之后，代替了搜索引擎，可以更高效地生成一些工整的标题，大大提高了标题的生成速度。

久而久之，内容就会"让位"于形式。当然，在理想的情况下，自然是"既要……又要……"，即同时追求漂亮的标题与适当的内容，让两者并存。但如果两者实在无法相互兼容，很多情况下，我们会舍弃"内容"而保留更好的"形式"。

因为"形式"更能体现出"笔杆子"对书面语言的审美意识、对文字修辞的组织能力，以及对这份岗位工作的敬业精神。

至于"内容"，那主要还是素材本身的事，"巧妇难为无米之炊"，我们尽力而为就好。就算是弄得不太好，只要做到"问心无愧"，也就可以了。

13.2 端端正正"讲规矩"

看待一名干部，可能会带着很多刻板印象，比如：什么从基层拼杀出来的干部，做事情的风格会偏向凶猛而有魄力；擅长与"三教九流"周旋拉扯的干部，做事情的风格会更加灵活而重实效；长期浸淫在组织党建或政治研究等领域的干部，做事情可能会更加注重政治意义；等等。

实际上，一名干部的个性和能力，与他的性格有关，与他的成长经历有关，与他的理想信念有关，甚至与他当前当下的生活状况也有很大的关联，不可能有统一的模板。

而纯粹的"笔杆子"却非常特殊，他们的共性特点十分明显。

一般来说，他们是一群非常讲规矩的人，或多或少都带有一些"死板"的性格特点。

这与他们大都年纪较轻，履历相对简单有关。

比如，一名新加入公务员队伍的年轻人，在平时的工作中展现出了一定的撰稿才能，很快就脱身于具体的业务工作，专心于文字岗位的历练，成为一名专职"笔杆子"。

又或者，他在自己的单位工作两三年，在文笔方面进一步展现实力，被"征召"为更上级领导的秘书，进而走上了"高级笔杆子"进修之路。

这些历程，实际上"剥夺"了他们在业务工作上历练的机会，最终使他们成为一名"文字"方面的专业技术人员。他们在这种专职"笔杆子"岗位上锻炼一些年头之后，可能会得到晋升提拔的机会，从而离开"笔杆子"岗位，逐步接触新的东西，形成新的做事风格，但这也是角色转变之后的事情了。

至少在文秘岗位上，大部分"笔杆子"仍然是"单纯"的。这种"单纯"体现在思维方式上，就是一种循规蹈矩的意识，对于任何问题以及所做的决定都需要有一些依靠，来增强自己的底气。

落实到具体工作中，表现为"从上""从旧""从众"。

13.2.1 从上：领导说了算

平心而论，这种思维模式并非"笔杆子"所特有，而是贯穿于整个体制运行的基本逻辑。但是相比较而言，或许"笔杆子"在这方面的表现会更加突出一些。

因为，一份稿件写得好不好，并没有直观而明确的客观标准，全在于"用稿人"的评判。比如，给领导写的讲话稿，领导觉得可以并拿去用了，那就算完成任务了；给单位写的活动方案，牵头人觉得没问题可以拿去执行了，那就算完成任务了；甚至于给自己写的心得体会，自己看着顺眼了，那也算完成任务了。"笔杆子"天生为领导服务，大部分稿件都要由领导做出评价并决定是否采用。因此，"领导说好就是好，领导说不好就是不好"这种规律，在文字岗位上会更加明显。

这不像其他业务岗位，有相应的指标结果作为相对客观的衡量标准，或者有一些法律制度作为约束性规定，或者有一些来自上级的指导意见作为评判依据。在"笔杆子"的工作环境中，一切都是"用稿人"说了算。

所以，我们对于框架和字词的推敲斟酌，都是"自言自语"或者"自娱自乐"，是自己内心的思考与斗争，而并不是要拿出去与领导探讨或者争论什么。当文稿送到领导那里之后，一切都交给领导去评判，然后带回领导的意见，再去修改润色完善。因为稿件是领导要用的，所产生的任何责任——如果有什么责任的话——也是领导承担，所以尊重领导意见是"笔杆子"的首要职业素养。

一名富有经验的"笔杆子"，会尽己所能地完成稿件，然后"全盘"听从领导的修改意见，不思考，不争论，不犹豫。

这也是"从上"思维模式训练下的结果。当然，这种结果是对还是错，恐怕还需要"笔杆子"自己在经历更加漫长的职业生涯后，再回过头去总结和体味。

13.2.2 从旧：前人不会错

"笔杆子"的很多写作任务，实际上都是有先例可循的，完完全全"从零开始"首创的东西并不多。所以，在写材料的时候，遇到不清楚的、不明白的、不确定的，多翻翻"旧账"，自然就会有启发和借鉴，也能解决眼下的问题。

不管如何，这是最简便且不需要承担什么责任的选择。

比如，实在把握不准某份材料的体例、内容选择、站位语气，大可以从过去的先例中寻找答案，依样画葫芦。领导问起，我们便可以说"之前就是这么写的"，不需要去解释太多。

事实上，绝大部分"笔杆子"并不喜欢面对什么新颖的撰稿任务，也并不乐意用一些创新的撰稿任务来磨炼自己。毕竟写材料已经是一件比较折磨人的事情了，如果再添加一些挑战性，那更是"痛上加痛"，令人避之不及。更重要的是，稿件质量的高与低，很多时候取决于领导的评价。而这些创新任务，我们很难保证自己的理解与领导能够保持一致。因此，创新很容易会落得"吃力不讨好"的结果。

所以，我们会更倾向于选择因循守旧、萧规曹随的做法。或者说，在"从旧"的法则中，我们可以寻求到内心的安稳。

13.2.3　从众：大家怎么干

如果领导没有具体指示，从"前人"留下的"故纸堆"中也找不到什么有力的参考资料，那么便可以多看看别人是怎么做的。

比如说，近几年不断翻新的各类民主生活会材料，无论是围绕特定主题的发言提纲也好，还是针对特定领域的自查报告也好，都令人应接不暇。同时，对于这类材料，领导自己没有特别的想法。

而新颖的主题或者形式，又导致过去的经验或者稿件没法直接拿来用。这个时候，就需要我们去看看别人家是怎么做的。因为这类稿件往往是普遍性的，不单我们一家单位需要准备，可能其他兄弟单位也有类似的任务。在这种情况下，"傻子过年看隔壁"自然是最好的解决办法。

所以，无论是从上，还是从旧，抑或是从众，实际上都是"对与错"问题的模糊化处理，都是舍弃"是非"而去追求高效率的工作心态。

我们并不希望在"写材料"这一过程中做出什么重要决策，因为这件事情本身就没有客观而明确的评判标准。对于我们来说，与其纠结对错，不如用更加直截了当的办法去开辟一条最为高效的道路，来解决眼前的问题。

因此，守规矩的思维习惯是"笔杆子"应对写材料这种特殊任务的心里反映，很值得思考与琢磨。如果我们放宽视野，就可以发现并非只有"笔杆子"会如此做，在处理很多对错边界较为模糊的问题时，人们普遍存在这种心态。

在生活中，或许这种心态能帮助我们摆脱许多不必要的纠结与烦恼，而更好地掌握住事物的本质。

13.3 兢兢业业"讲细节"

在无纸化办公流行之前，一名资深的"笔杆子"可以用肉眼分辨出一张 A4 纸文稿的字体、字号、段间距、页边距等。

这是长期严格训练出来的敏感性，也显现出"笔杆子"对于细节的重视程度和把关能力。

因为在这个领域，细节是经常被用来衡量工作能力和水平的环节，至于其重要程度，因领导的性格和理念而不同。有些领导特别喜欢"盯细节"，某个不重要字词使用不当、某个页码字体不规范、某个段间距没有设置好，都可以成为批评的理由。特别是这个领导如果自己就是"笔杆子"出身，那么他对细节的重视程度可能会更高。

而对于"笔杆子"来说，辛辛苦苦码好的字，就因为这种细节问题而被否定，自然是很难接受。所以，一部分"生存环境比较恶劣"的"笔杆子"，就会逐步培养起注重细节的良好习惯。这是一门需要修炼的功课，也是"适者生存"的一种现实应用罢了。

如果将眼界放宽，我们会发现这种心态在日常生活中也有两面性，很难说是好还是差。如果"笔杆子"因此而培养起对细节的敏锐观察力，那么其在生活中就会更少地犯错，可以减少很多不必要的麻烦。但如果因此而对身边人过于严厉或苛刻，也有可能舍本逐末，最终落个得不偿失的下场。

本人因为自身的特殊经历，倒不存在对细节的偏执，甚至在很多方面粗心得可怕。虽然，我的心态因此而更加豁达，但也犯了不少愚蠢的小错误。这些小错误的不断累积，也许曾经造成了许多不可弥补的损害，而我自己并不知情；但也许根本就一点事情都没有，所以我会不知情。到底是前者还是后者，如今我也无法去回顾或者核实。

但庆幸的是，"写材料"这件事本身并没有太多的责任要去承担，错了就是错了，被领导批评几句完事，总不至于要被问责吧。

综上所述，"有逻辑""讲规矩""重细节"这三个角度，或许是刻画一名典型"笔杆子"思维特点最精准的角度。

后记

2020 年，我撰写了《公文写作实战秘籍》一书。

那本书凝聚了我过去十几年的经验和心血，也算是我对自身工作经历的一次总结和思考，虽然还不算完整，但已经涵盖了大部分可以分享的内容。

那个时候，我可能还有着相对年轻的心态，或者说怀着朝气，浑身充满了正能量。所以，在那本书中，我会不厌其烦地诉说着"公文写作的本领，来源于写作这件事之外""写材料与做事情分不开""学会做事才能写好文章"等大而正确的道理，仿佛沉浸在一种"好为人师"的成就感之中。

而且，那时候的我相信，工作中没有做不成的事情，没有完不成的任务。只要我们肯努力，有冲劲，就一定会有方法，最终也会有成效。

所以，我经常说的话充满了正能量："又不是造原子弹，有什么难的""任何事情都会有方法""多从自身找问题，绝不找借口"……

然而回头思量，这种正能量的背后，可能就是"站着说话不腰疼"。

2021 年初，承蒙组织关爱，我得到了提拔，调任了新的岗位，在不同的环境之下承担了更复杂的任务，扮演了更重要的角色。

在经历过一番捶打磨炼之后，我的心态发生了很大变化。或许是遇到了一些不能理解的事情，或许是处理了一些无法认同的工作，也或许是承受了一些人力无法改变的结果，在压力之下，人的心智、韧性和毅力会得到锻炼，但也能让人体验到自身的无力。这种无可奈何的挫折感持续下去，很容易对心态造成影响。

因此，我对这份工作的认识，与之前相比有了巨大的变化。

如果说，以前的我是轻装上阵，总是满脸笑容、意气风发，对人对事都带着阳光与乐观，那么现在的我，在"对人"上可能会多一些小心与戒备，在"对事"上可能会想着要"量力而行"。

在撰写本书的过程中，我时常翻看之前的文稿，回顾之前自己的心态和想法，思考自己兜兜转转的人生，感慨良多。

所以，与之前的《公文写作实战秘籍》一书相比，本书更加注重实战作用、更加注重问题解决、更加注重资源整合的方法和技巧，希望对各位读者有所帮助。

前一本书没有一篇完整的结尾，让我至今深以为憾。所以，我特意撰写了这篇后记。对我而言，今后在这一领域或许还会有"番外篇"，但这一套书不会成为"三部曲"。以这番"无病呻吟"作为收尾，恐怕最符合我的个性。